职业教育提质培优人文素养系列丛书

诵读，追逐梦想的启航

（第一册）

王云清　贾建军　李国君　主　编

中国商业出版社

图书在版编目（CIP）数据

诵读，追逐梦想的启航. 第一册 / 王云清，贾建军，
李国君主编. -- 北京：中国商业出版社，2022.8

（职业教育提质培优人文素养系列丛书）

ISBN 978-7-5208-2112-4

Ⅰ.①诵…　Ⅱ.①王…　②贾…　③李…　Ⅲ.①人文素
质教育 – 职业教育 – 教材　Ⅳ.①G40-012

中国版本图书馆CIP数据核字（2022）第117324号

责任编辑：管明林

中国商业出版社出版发行

（www.zgsycb.com　100053　北京广安门内报国寺1号）

总编室：010-63180647　编辑室：010-83114579

发行部：010-83120835/8286

新华书店经销

句容市排印厂印刷

*

787 毫米×1092 毫米　16开　12 印张　221千字

2022年8月第1版　2022年8月第1次印刷

定价：39.80元

****

职业教育提质培优人文素养系列丛书
诵读，追逐梦想的启航

编写指导委员会

编委会主任：

王广武（江苏省连云港中等专业学校）

编委会副主任（按姓氏笔画排序）：

王长斌（连云港海州中等专业学校）

李国君（江苏省睢宁中等专业学校）

贾建军（江苏省如皋中等专业学校）

盛　君（江苏省贾汪中等专业学校）

编委会成员（按姓氏笔画排序）：

马建春（无锡立信高等职业技术学校）

卞勇平（江苏省金坛中等专业学校）

王云清（江苏省溧阳中等专业学校）

王恬忠（江苏省溧阳中等专业学校）

王晓忠（无锡立信高等职业技术学校）

刘　辉（江苏省睢宁中等专业学校）

汤英俊（江苏省金坛中等专业学校）

吴国祥（江苏省连云港中等专业学校）

陆克平（江苏省如皋中等专业学校）

袁荣高（江苏省连云港中医药高等职业技术学校）

知识改变世界，读书丰富人生。经典作品是民族精神的源头，人类文化的瑰宝，闪耀着永恒的光芒。它植根于过去，却穿透时间的长河，历久弥新，泽被后世，应该把这些经典嵌在学生脑子里，成为中华民族文化的基因。

中职教育的本质是培养德智体美劳全面发展的社会主义建设者和接班人，立德树人是根本任务，利用晨读时间开展诵读活动无疑是连接思想道德教育和人文素养教育的桥梁。

站在新时代的历史交汇点，青年学子诵读经典，可以增加知识积累，可以充实精神生活，可以开拓思考空间，也可以陶冶审美情感，从而逐渐养成博大宽厚的思想人格，陶溶出生命的深度和高度。具体说，诵读经典有助于健康的世界观、人生观和价值观的形成。中职阶段的学生是未成年人，正处在三观形成的最佳时期，好书好文章的浸润正当其时；诵读经典有助于学生健全人格，研习礼仪，端正行为，固化伦理道德，提高感悟能力和审美能力；诵读经典有助于终身学习能力的培养。经典中包含的丰富智慧是走出校园、适应社会并实现人生发展的基本要素。通过诵读经典，使学习能力从职业教育向后续更广阔的终身教育阶段迁移顺理成章。

　　本丛书基于中职学生学情选编，选文立足中华文化经典，兼顾其他民族优秀作品，古今并蓄、题材广泛、文体多样、篇幅适中、文质兼美、诵读性强，既注重传统文化内涵，又体现当今时代精神。一方面，使同学们在青春岁月里不至于与那些流芳百世、曾经给世世代代的人们以精神滋养的传统经典擦肩而过，另一方面，又能打开面向社会的窗口，让同学们读到那些充满朝气与活力、散发着时代气息的优秀作品。目的在于引导学生通过阅读经典文学作品，初步学会赏析各类文学作品，从而领悟传统文化特别是中华传统文化精神，提升人文素养。

　　本丛书共四册，书名统一为《诵读，追逐梦想的启航》，以第一册、第二册、第三册、第四册标识，定性为职业院校人文素养提升类丛书。各板块主题起始于"德"，落脚在"职"，依次为"大道至简　德行天下""方圆相宜　行稳致远""致福成义　礼达四方""业道酬精　职场赢家"，四册一以贯之。依据学期时序和学生认知发展规律，思想性逐册提升。

　　各单元编写体例，依次为诵读主体、知人论世、阅读鉴赏、思考寄语四个部分，即诵读作品，了解作者或作品背景，阅读赏鉴，提炼思想精华并予以寄语。

　　本丛书由江苏省连云港中等专业学校、江苏省溧阳中等专业学校、江苏省东海中等专业学校、江苏省金坛中等专业学校、徐州经济技术开发区工业学校、江苏省如皋中等专业学校、连云港海州中等专业学校、江苏省贾汪中等专业学校、无锡立信高等职业技术学校、江苏省连云港中医药高等职业技术学校、江苏省睢宁中等专业学校（排名不分先后）共11所学校联合编撰。具体分工如下：

第一册：主编为王云清（江苏省溧阳中等专业学校）、贾建军（江苏省如皋中等专业学校）、李国君（江苏省睢宁中等专业学校）；副主编为李茂金（徐州经济技术开发区工业学校）、江海漫（江苏省贾汪中等专业学校）、殷勇（江苏省连云港中等专业学校）、赵玉斌（江苏省东海中等专业学校）、张宇（江苏省金坛中等专业学校）。

第二册：主编为卞勇平（江苏省金坛中等专业学校）、王长斌（连云港海州中等专业学校）、王恬忠（江苏省溧阳中等专业学校）；副主编为陆克平（江苏省如皋中等专业学校）、刘名波（江苏省连云港中医药高等职业技术学校）、李叶（无锡立信高等职业技术学校）、汤琴（江苏省连云港中等专业学校）、常瑞娜（江苏省睢宁中等专业学校）。

第三册：主编为马建春（无锡立信高等职业技术学校）、王广武（江苏省连云港中等专业学校）、汤英俊（江苏省金坛中等专业学校）；副主编为刘辉（江苏省睢宁中等专业学校）、高远（连云港海州中等专业学校）、王向华（江苏省如皋中等专业学校）、吕超（江苏省溧阳中等专业学校）、张晓燕（徐州经济技术开发区工业学校）。

第四册：主编为袁荣高（江苏省连云港中医药高等职业技术学校）、盛君（江苏省贾汪中等专业学校）、吴国祥（江苏省连云港中等专业学校）；副主编为王晓忠（无锡立信高等职业技术学校）、王冬冬（江苏省东海中等专业学校）、倪善勇（江苏省睢宁中等专业学校）、李志斌（江苏省金坛中等专业学校）、史云富（江苏省溧阳中等专业学校）。

参编人员（排名不分先后）：

韩静、乔静、苗书铭（江苏省连云港中等专业学校）；

范勇、姚爱娟、程思良（江苏省溧阳中等专业学校）；

何芹、周琳璐、张雪瑶（江苏省东海中等专业学校）；

许琴、徐森、钱丽华（江苏省金坛中等专业学校）；

金宏博、陈洁莲（徐州经济技术开发区工业学校）；

郭小龙（江苏省如皋中等专业学校）；

吉羚、于梅、李青（连云港海州中等专业学校）；

袁克岚、宋银成（江苏省贾汪中等专业学校）；

唐星页、曹萍、魏爽（无锡立信高等职业技术学校）；

殷吉磊、刘玲、赵雯雯（江苏省连云港中医药高等职业技术学校）；

何福、常兴、蒋珍珍、刘羽（江苏省睢宁中等专业学校）。

由于编者水平有限，本丛书可能存在一些不足，欢迎广大读者提出宝贵意见。在编写过程中，直接或间接参阅、借鉴、引用了国内外大量文献资料，在此，对这些文献的著作者表示诚挚感谢！

编　者

2022年3月

诵/读/追/逐/梦/想/的/启/航
CONTENTS
目录

大道至简　德行天下

方圆相宜　行稳致远

致福成义　礼达四方

业道酬精　职场赢家

大道至简　德行天下

1 卫风·淇奥

诵读主体

　　瞻彼淇奥，绿竹猗猗。有匪君子，如切如磋，如琢如磨。瑟兮僴兮，赫兮咺兮。有匪君子，终不可谖兮。

　　瞻彼淇奥，绿竹青青。有匪君子，充耳琇莹，会弁如星。瑟兮僴兮，赫兮咺兮。有匪君子，终不可谖兮。

　　瞻彼淇奥，绿竹如箦。有匪君子，如金如锡，如圭如璧。宽兮绰兮，猗重较兮。善戏谑兮，不为虐兮。

知人论世

　　《诗经》，是中国古代诗歌开端，最早的一部诗歌总集，收集了西周初年至春秋中叶（前11世纪至前6世纪）的诗歌。《诗经》的作者佚名，绝大部分已经无法考证，传为尹吉甫采集、孔子编订。《诗经》在先秦时期称为《诗》，或取其整数称《诗三百》。西汉时被尊为儒家经典，始称《诗经》，并沿用至今。诗经在内容上分为《风》《雅》《颂》三个部分。《风》是周代各地的歌谣；《雅》是周人的正声雅乐，又分《小雅》和《大雅》；《颂》是周王廷和贵族宗庙祭祀的乐歌，又分为《周颂》《鲁颂》《商颂》。

阅读鉴赏

译文：

　　看那淇水弯弯岸，碧绿竹林片片连。高雅先生是君子，学问切磋更精湛，品德琢磨更良善。神态庄重胸怀广，地位显赫很威严。高雅先生真君子，一见难忘记心田。

　　看那淇水弯弯岸，绿竹袅娜连一片。高雅先生真君子，美丽良玉垂耳边，宝石镶帽如星闪。神态庄重胸怀广，地位显赫更威严。高雅先生真君子，一见难忘记心田。

　　看那淇水弯弯岸，绿竹葱茏连一片。高雅先生真君子，青铜器般见精坚，玉礼器般见庄严。宽宏大量真旷达，倚靠车耳驰向前。谈吐幽默真风趣，开个玩笑人不怨。

一首《淇奥》，宛若一幅秀丽的风景画。淇水汤汤，曲折回环处，一片翠绿幽深的竹林。流水淙淙，翠竹青青，竹林深处，一位风度翩翩的君子缓缓踱步而来。

据《毛诗序》说："《淇奥》，美武公之德也。"意思是《淇奥》是一首赞美武公的诗歌。武公指的是卫国的武和，生于西周末年，曾经担任过周平王的卿士，但有的学者认为诗中的形象泛指周王朝时品德高尚的士大夫，并非实指某人。总之，可以将《淇奥》看作一首赞美男子形象的诗歌。

全诗分三章，每一章节都以淇水弯曲幽深之处的绿竹起兴。从外貌仪表、才能文章和道德修养三方面反复吟诵，在其行云流水般的旋律中，竹林深处走来的"有匪君子"，光彩耀人，让人叹为观止。

自此以后，"淇奥"之竹也就成了中国竹文化的源泉之一，"绿竹"也成了中华民族的品格和情操的象征。

思考寄语

细细品读《淇奥》这首诗，我们可以看到一位相貌堂堂、服饰华美、从容不迫、雍容典雅、才华横溢、德才兼备、幽默宽和、品格高尚的男子。也就是说，一个人除了要有良好的外貌、精美的服饰，更要有从容坚定的仪态、高超的学识修养和高洁的品格等。如果再大而广之，每个人都以君子之德严格要求自己，并将其作为自己的行为规范，见贤思齐，必将受到人们的广泛欢迎。

2 豳风·七月（节选）

诵读主体

　　七月流火，九月授衣。一之日觱发，二之日栗烈。无衣无褐，何以卒岁。三之日于耜，四之日举趾。同我妇子，馌彼南亩，田畯至喜。

　　七月流火，九月授衣。春日载阳，有鸣仓庚。女执懿筐，遵彼微行，爰求柔桑。春日迟迟，采蘩祁祁。女心伤悲，殆及公子同归。

　　七月流火，八月萑苇。蚕月条桑，取彼斧斨，以伐远扬，猗彼女桑。七月鸣鵙，八月载绩。载玄载黄，我朱孔阳，为公子裳。

　　四月秀葽，五月鸣蜩。八月其获，十月陨萚。一之日于貉，取彼狐狸，为公子裘。二之日其同，载缵武功，言私其豵，献豜于公。

　　五月斯螽动股，六月莎鸡振羽，七月在野，八月在宇，九月在户，十月蟋蟀入我床下。穹窒熏鼠，塞向墐户。嗟我妇子，曰为改岁，入此室处。

　　六月食郁及薁，七月亨葵及菽，八月剥枣，十月获稻，为此春酒，以介眉寿。七月食瓜，八月断壶，九月叔苴，采荼薪樗，食我农夫。

　　九月筑场圃，十月纳禾稼。黍稷重穋，禾麻菽麦。嗟我农夫，我稼既同，上入执宫功。昼尔于茅，宵尔索绹。亟其乘屋，其始播百谷。

　　二之日凿冰冲冲，三之日纳于凌阴。四之日其蚤，献羔祭韭。九月肃霜，十月涤场。朋酒斯飨，曰杀羔羊。跻彼公堂，称彼兕觥，万寿无疆。

知人论世

　　《豳风·七月》来自民间，由劳动人民集体口头创作，历经传播与不断创作的漫长过程，最后由周代宫廷乐师加工润色、创作而定型。

阅读鉴赏

译文：

　　七月大火星向西落，九月妇女缝寒衣。十一月北风劲吹，十二月寒气袭人。没有好衣没粗衣，怎么度过这年底？正月开始修锄犁，二月下地去耕种。带着妻儿一同去，把饭送到向阳的土地上去，田官赶来吃酒食。

七月大火星向西落，九月妇女缝寒衣。春天阳光暖融融，黄鹂婉转唱着歌。姑娘提着深竹筐，一路沿着小道走。伸手采摘嫩桑叶，春来日子渐渐长。人来人往采白蒿，姑娘心中好伤悲，害怕要随贵人嫁他乡。

七月大火星向西落，八月要把芦苇割。三月修剪桑树枝，取来锋利的斧头。砍掉高高长枝条，攀着细枝摘嫩桑。七月伯劳声声叫，八月开始把麻织。染丝有黑又有黄，我的红色更鲜亮，献给贵人做衣裳。

四月远志开了花，五月知了阵阵叫。八月田间收获忙，十月树上叶子落。十一月上山猎貉，猎取狐狸皮毛好，送给贵人做皮袄。十二月猎人会合，继续操练打猎功。打到小猪归自己，猎到大猪献王公。

五月蚱蜢弹腿叫，六月纺织娘振翅。七月蟋蟀在田野，八月来到屋檐下。九月蟋蟀进门口，十月钻进我床下。堵塞鼠洞熏老鼠，封好北窗糊门缝。叹我妻儿好可怜，岁末将过新年到，迁入这屋把身安。

六月食李和葡萄，七月煮葵又煮豆。八月开始打红枣，十月下田收稻谷。酿成春酒美又香，为了主人求长寿。七月里面可吃瓜，八月到来摘葫芦。九月拾起秋麻子，采摘苦菜又砍柴，养活农夫把心安。

九月修筑打谷场，十月庄稼收进仓。黍稷早稻和晚稻，粟麻豆麦全入仓。叹我农夫真辛苦，庄稼刚好收拾完，又为官家筑宫室。白天要去割茅草，夜里赶着搓绳索。赶紧上房修好屋，开春还得种百谷。

十二月凿冰冲冲，正月搬进冰窖中。二月开初祭祖先，献上韭菜和羊羔。九月寒来始降霜，十月清扫打谷场。两槽美酒敬宾客，宰杀羊羔大家尝。登上主人的庙堂，举杯共同敬主人，齐声高呼寿无疆。

《豳风·七月》是中国古代第一部诗歌总集《诗经》中的一首诗，也是国风中最长的一首诗。这是周人居豳时的作品，由劳动人民集体口头创作，在浸润着辛苦惆怅情感的气息里，娓娓地讲述着他们年复一年质朴的劳作生活，真实、淳朴、亲切、辛酸，使人感同身受，如临其境。

诗歌列叙了从春到冬的系列劳务，参差而立体地展示出不同阶层、不同人物的多重情感世界，在生活的细节中诉说着人生的意义和对生活的礼赞。全诗格调深沉，感情浓郁，朴质隽永。

思考寄语

农事便是先民最真实的生活，他们一切的情感都是诞生在土地上的。《七月》里没有《关雎》那种辗转反侧的缠绵，也没有《蒹葭》那种求之不得的伤感，但它比《诗经》中的其他诗歌都更注重生活。它提醒我们，只有深深扎进土壤，才能看见花繁叶茂的生活美景，才会听见花开的声音。

3 论语·学而（节选）

诵读主体

子曰："学而时习之，不亦说乎？有朋自远方来，不亦乐乎？人不知，而不愠，不亦君子乎？"

知人论世

《论语》成书于春秋战国之际，由孔子的学生及其再传学生记录整理。《学而》是《论语》第一篇的篇名。《论语》中各篇一般都是以第一章的前二三个字作为该篇的篇名。《学而》一篇包括16章，内容涉及诸多方面。

阅读鉴赏

译文：

孔子说："学了又时常温习和练习，不是很愉快吗？有志同道合的人从远方来，不是很令人高兴的吗？人家不了解我，我也不怨恨、恼怒，不也是一个有德的君子吗？"

在某种意义上，《论语》彰显的是一个"文化生命"的深度与高度。

"学"在孔子的思想当中有着非常重要的地位。《论语》第一篇即"学而"，"学而"的开篇也即整部《论语》的开篇。《论语》乃孔子弟子所编，作为编写者的孔门子弟把这三句话放在前面，无疑煞费苦心：第一个字即"学"，说明"学"的重要性，或者说整部《论语》就是围绕"学"而展开的。

以"学而时习之"开端，构成了层层上达的阶梯：从"学而时习之"到"有朋自远方来"，最终到"人不知而不愠"，它体现的是中国文化精神，其间包含了深邃的哲思。

思考寄语

《论语》是中国文化的核心经典。所谓经典就是能够常读常新，不断引发人们的思考和讨论，其内容虽然是"旧"的，但引发的问题永远是"新"的。为何以"学"开篇？如同吃饭、穿衣、睡觉、呼吸、做梦一样，学习是生活世界中的最基本事务。"学而时习之"，是人生的起点。这里提醒我们，正是通过学习，人才得以学会生活，并且是学会与他人一道生活，学会如何面对一切。

4 论语·颜渊（节选）

诵读主体

颜渊问仁，子曰："克己复礼为仁。一日克己复礼，天下归仁焉。为仁由己，而由人乎哉？"

颜渊曰："请问其目？"子曰："非礼勿视，非礼勿听，非礼勿言，非礼勿动。"

颜渊曰："回虽不敏，请事斯语矣。"

知人论世

《颜渊》出自《论语》，共计24章。本篇中，孔子的几位弟子向他问怎样才是仁。颜回（前521—前481），曹姓，颜氏，名回，字子渊，鲁国宁阳（山东省泰安市宁阳县鹤山乡）人，尊称复圣颜子，春秋末期鲁国思想家，孔门七十二贤之一。十三岁，拜孔子为师，终生师事之，是孔子最得意的门生。孔子对颜回称赞最多，赞其好学仁人。

阅读鉴赏

译文：

颜渊问怎样做才是仁。孔子说："克制自己，一切都照着礼的要求去做，这就是仁。一旦这样做了，天下的一切就都归于仁了。实行仁德，完全在于自己，难道还在于别人吗？"

颜渊说："请问实行仁的条目。"孔子说："不合于礼的不要看，不合于礼的不要听，不合于礼的不要说，不合于礼的不要做。"

颜渊说："我虽然不聪敏，让我照这些话去做吧！"

《论语·颜渊》中开篇就是颜渊问仁。

孔子最为推重的就是"仁""礼"，与颜渊谈话，言语间将自己的抱负、自己所欲推行的道表现出来，也是对颜渊寄予重望，希望可承其衣钵，推行"仁""礼"。

这里孔子对颜渊的要求是克己复礼，并且由个人的修行体察，延伸到国家、天下的治理理念，体现了孔子由个人修身到治国平天下的三位一体的政治理念。"克己"指克制过度的欲望，"复礼"指复兴礼乐秩序，由于礼乐秩序消除了争夺、混乱，维护了人们的生命安全和物质财产，所以可称为仁。而礼乐秩序一旦建立起来，人们便会归向、趋向之，也就是归向仁了。

孔子在颜渊接下来的问答中也强调了"礼"与仁的内在紧密关联。即"非礼勿视、非礼勿听、非礼勿言、非礼勿动"，即不合乎"礼"的不要看、不要听、不要说、不要做，从而内持"仁"心，外显"仁"行。

思考寄语

个体要成就仁德，必须加强自身的修身养性，完善自我。修身是为人处世的第一步，而修身的第一步就是克制自己。克制自己过多的欲望，克制自己不良的情绪，克制自己过度的情感，是人生重要的修行。

5 祖逖北伐

诵读主体

　　初，范阳祖逖，少有大志，与刘琨俱为司州主簿，同寝，中夜闻鸡鸣，蹴琨觉，曰："此非恶声也！"因起舞。

　　及渡江，左丞相睿以为军谘祭酒。逖居京口，纠合骁健，言于睿曰："晋室之乱，非上无道而下怨叛也，由宗室争权，自相鱼肉，遂使戎狄乘隙，毒流中土，今遗民既遭残贼，人思自奋，大王诚能命将出师，使如逖者统之以复中原，郡国豪杰，必有望风响应者矣。"

　　睿素无北伐之志，以逖为奋威将军、豫州刺史，给千人廪，布三千匹，不给铠仗，使自召募。逖将其部曲百余家渡江，中流击楫而誓曰："祖逖不能清中原而复济者，有如大江。"遂屯淮阴，起冶铸兵，募得二千余人而后进。

知人论世

　　司马光（1019—1086），字君实，号迂叟，陕州夏县涑水乡（今山西省夏县）人，世称涑水先生。北宋政治家、史学家、文学家，自称西晋安平献王司马孚之后代。

　　《祖逖北伐》选自《资治通鉴》，描述了东晋初年由祖逖领导的北伐。祖逖曾一度收复黄河以南大片土地，但及后因朝廷内乱，祖逖受东晋皇帝司马睿猜疑，忧愤而死。祖逖死后，收复的地区又相继失去。祖逖亦是一位极受人民爱戴的将领。

阅读鉴赏

译文：

　　从前，范阳有一个叫祖逖的人，年轻时就胸怀大志，曾与刘琨一起担任司州的主簿，与刘琨同睡一处，半夜时听到鸡鸣，他踢醒刘琨，说："这不是令人厌恶的声音。"就与刘琨一起起床舞剑。

　　等到渡江的时候，左丞相司马睿让他担任军事顾问。祖逖住在京口，聚集起骁勇强健的壮士，对司马睿说："晋朝的变乱，不是因为君主无道而使臣下怨恨叛乱，而是皇亲宗室之间争夺权力，自相残杀，于是让戎狄乘虚而入，祸害遍及中原。现在晋朝沦陷区的人民已遭到残害，人人想着奋起反抗，大王如果能够任命将领，派出军队，使像我祖逖这样的人统领军队来光复中原，各地的英雄豪杰，一定会有听到消息就起来响应的人！"

司马睿向来没有北伐的志向，就任命祖逖为奋威将军、豫州刺史，仅仅拨给他千人的口粮，三千匹布，不供给铠甲武器，让祖逖自己想办法招募士兵。祖逖带领自己私家的军队共一百多户人家渡过长江，在江中敲打着船桨说："祖逖如果不能驱赶戎狄肃清中原而再渡江南，就像大江一样有去无回！"于是驻扎在淮阴，起炉炼铁，铸造兵器，又招募了两千多人然后继续前进。

晋代祖逖立志报国，但深感自己才能不高，武艺不强，于是发奋读书，广泛阅览，以至于学问大有长进。后来与幼时好友刘琨相约共同奋斗，每天夜里听到鸡叫就起床练剑，寒来暑往，从不间断。功夫不负有心人，经过长期刻苦学习和训练，他武艺越来越强，本领越来越大，终于成为能文能武的全才。祖逖即使不被重用仍不改其志，他抓住机会主动请缨，陈述治军之道，终于实现了报效国家的愿望。

思考寄语

祖逖与刘琨携手共进、勤勉成才，首先，在于他们有志向，有恒心，天天早起苦练，从不间断，才练就一身本领，建功立业。其次，他们能临困境而不气馁，善于发现机遇，变不利因素为成功的力量。在得到机遇后，克服一切苦难，实现既定目标。

6 白马篇

诵读主体

白马饰金羁，连翩西北驰。借问谁家子，幽并游侠儿。
少小去乡邑，扬声沙漠垂。宿昔秉良弓，楛矢何参差。
控弦破左的，右发摧月支。仰手接飞猱，俯身散马蹄。
狡捷过猴猿，勇剽若豹螭。边城多警急，虏骑数迁移。
羽檄从北来，厉马登高堤。长驱蹈匈奴，左顾凌鲜卑。
弃身锋刃端，性命安可怀？父母且不顾，何言子与妻！
名编壮士籍，不得中顾私。捐躯赴国难，视死忽如归！

知人论世

　　曹植（192—232），字子建，沛国谯（今安徽省亳州市）人。三国曹魏著名文学家，建安文学代表人物。魏武帝曹操之子，魏文帝曹丕之弟，生前曾为陈王，去世后谥号"思"，因此又称陈思王。后人因他文学上的造诣而将他与曹操、曹丕合称为"三曹"，南朝宋文学家谢灵运对其更有"天下才有一石，曹子建独占八斗"的评价。王士祯尝论汉魏以来二千年间诗家堪称"仙才"者，曹植、李白、苏轼三人耳。

　　曹植的作品收录在《曹子建集》中。《曹子建集》共10卷，收录了曹植的诗文辞赋。其中收录较完整的诗歌有80余首，一半以上为乐府诗体。其代表作有《七哀诗》《白马篇》《赠白马王彪》《门有万里客》等。

阅读鉴赏

　　译文：

　　驾驭白马向西北驰去，马上佩带着金色的马具。有人问他是谁家的孩子，边塞的好男儿游侠骑士。

　　年纪轻轻就离别了家乡，到边塞显身手建立功勋。楛木箭和强弓从不离身，下苦功练就了一身武艺。

拉开弓如满月左右射击，箭箭中靶心不差毫厘。飞骑射裂了箭靶"月支"，转身又射碎箭靶"马蹄"。

他灵巧敏捷赛过猿猴，又勇猛轻疾如同豹螭。听说国家边境军情紧急，侵略者一次次进犯内地。

告急信从北方频频传来，游侠儿催战马跃上高堤。随大军平匈奴直捣敌巢，再回师扫鲜卑驱逐敌骑。

上战场面对着刀山剑树，从不将安和危放在心里。连父母也不能孝顺服侍，更不能顾念那儿女妻子。

姓名既上了战士名册，早已经忘掉了个人私利。为国家解危难奋勇献身，看死亡就好像回归故里。

《白马篇》是乐府歌辞，又作《游侠篇》，大概是因为这首诗的内容是写边塞游侠儿的缘故。这是曹植前期诗歌中的名作。此诗以曲折动人的情节描写边塞游侠儿捐躯赴难、奋不顾身的英勇行为，塑造了边疆地区一位武艺高超、渴望为国立功甚至不惜牺牲生命的游侠少年形象，表达了诗人建功立业的强烈愿望。

曹植在诗中，不是站在旁观者的角度去描写游侠，相反，他在诗歌寄托了自己的愿望和理想。诗中歌颂的少年游侠英勇豪迈的气概和忠贞为国的崇高品质，正是曹植心中志气的反映。

思考寄语

《白马篇》是曹植的五言诗代表作，是诗人的自我写照，是建安时代之音，更饱含着千古有识之士的报国梦想。

少年游侠儿的高超武艺是用来"赴国难"的，作者心目中的英雄不仅武艺高强，更有崇高的理想，要把国家民族的利益看得高于一切。"捐躯赴国难，视死忽如归"，这不仅仅是游侠儿的思想境界，也是历代仁人志士的行动指南和誓言，更是我们年青一代需要学习的崇高的爱国精神。

7 西江月·茶

诵读主体

龙焙头纲春早，谷帘第一泉香。已醺浮蚁嫩鹅黄。想见翻成雪浪。
兔褐金丝宝碗，松风蟹眼新汤。无因更发次公狂。甘露来从仙掌。

知人论世

黄庭坚（1045—1105），北宋诗人、书法家。字鲁直，号山谷道人、涪翁，洪州分宁（今江西省修水县）人。早年以诗文受知于苏轼，与张耒、晁补之、秦观并称"苏门四学士"。与苏轼齐名，世称"苏黄"。诗以杜甫为宗，有"夺胎换骨""点铁成金"之论，风格奇硬拗涩，开创江西诗派，在宋代影响颇大。又能作词，兼擅行书、草书，为"宋四家"之一。

阅读鉴赏

中国是世界上最早种茶、饮茶的国家，也是世界上最早形成茶文化体系的国家。茶在我国有"国饮"的美誉，帝王将相、文人墨客、农医百工，无不以茶为好。在茶文化的发展过程中，以唐宋时期最为繁荣。尤其是宋代，从皇宫大宴到百姓小饮，人们争相讲究茶品，探讨茶汤火候、茶的煮法和饮效，其优雅的生活方式和闲适的人生好似一碗香茗，飘洒在生活的每一个角落。

宋人追求饮茶的极致境界。首先是茶品之名贵，黄庭坚要尝帝王的"龙焙头纲"；其次是茶汤之讲究，必用水中精华"天下第一泉"；再次是看"浮蚁嫩鹅黄""翻成雪浪"；最后是茶盏之精美，烧制珍贵的"兔褐金丝宝碗"当是极品。文人骚客饮茶、咏茶，将诗人高洁之风尚、清雅之气质融入词文中，从而拓展了茶文化的内涵。

茶人说茶事是个精细活儿，从采茶到制茶容不得半点马虎，考究每道工序方能做出好茶。人们赞叹古人茶品之高、茶道之精，实际赞叹的是制茶人的精工细作。讲茶道、重茶艺，更要让制茶精神永驻心中。

今天，我们重温这首词，需要传承的不是制茶技术本身，而是其中所浸润的工匠精神。青年学生们应当锻炼意志、磨炼心性，在新时代建功立业、谱写劳动人民的精彩华章。

8　与妻书

吾诚愿与汝相守以死，第以今日事势观之，天灾可以死，盗贼可以死，瓜分之日可以死，奸官污吏虐民可以死，吾辈处今日之中国，国中无地无时不可以死。到那时使吾眼睁睁看汝死，或使汝眼睁睁看吾死，吾能之乎？抑汝能之乎？即可不死，而离散不相见，徒使两地眼成穿而骨化石，试问古来几曾见破镜能重圆？则较死为苦也，将奈之何？今日吾与汝幸双健。天下人不当死而死与不愿离而离者，不可数计，钟情如我辈者，能忍之乎？此吾所以敢率性就死不顾汝也。吾今死无余憾，国事成不成自有同志者在。依新已五岁，转眼成人，汝其善抚之，使之肖我。汝腹中之物，吾疑其女也，女必像汝，吾心甚慰。或又是男，则亦教其以父志为志，则吾死后尚有二意洞在也。幸甚，幸甚！吾家后日当甚贫，贫无所苦，清静过日而已。

吾今与汝无言矣。吾居九泉之下遥闻汝哭声，当哭相和也。吾平日不信有鬼，今则又望其真有。今是人又言心电感应有道，吾亦望其言是实，则吾之死，吾灵尚依依旁汝也，汝不必以无侣悲。

知人论世

　　林觉民（1886—1911），字意洞，号抖飞，又号天外生。福建闽县人。十四岁进福建高等学堂，1907年去日本留学，入庆应大学文科攻读哲学，后参加同盟会，从事革命活动。1911年回国参加广州起义，4月27日，与方声洞等领先袭击总督衙门，负伤被捕，数日后从容就义，为黄花岗七十二烈士之一。

阅读鉴赏

　　译文：

　　我确实愿意和你相依为命直到老死，但根据现在的局势来看，天灾可以使人死亡，盗贼可以使人死亡，列强瓜分中国的时候可以使人死亡，贪官污吏虐待百姓可以使人死亡，我们这辈人生在今天的中国，国家无时无地不可以使人死亡。到那时让我眼睁睁看你死，或者让你眼睁睁看我死，我能够这样吗？还是你能这样做呢？即使能不死，但是夫妻离别分散不能相见，白白地使我们两地双眼望穿，尸骨化为石头，试问自古以来什么时候曾见过破镜能重圆的？那么这种离散比死还要痛苦啊，这将怎么办呢？今天我和你幸好双双健在，天下不应当死却死了和不愿意分离却分离了的人，不能用数字来计算，像我们这样爱情专一的人，能忍受这种事情吗？这是我敢于毅然去死而不顾你的缘故啊！我现在死去没有什么遗憾，国家大事成功与不成功自有同志们在继续奋斗。依新已经五岁了，转眼之间就要长大成人了，希望你好好地抚养他，使他像我。你腹中的胎儿，我猜她是个女孩，是女孩一定像你，我心里非常欣慰。或许又是个男孩，你就教育他以他的父亲作为志向，那么我后继有人了。幸甚，幸甚！我们家以后的生活该会很贫困，但贫困没有什么痛苦，清清静静过日子罢了。

　　我现在跟你再没有什么话说了。我在九泉之下远远地听到你的哭声，应当也用哭声相应和。我平时不相信有鬼，现在却又希望它真有。现在又有人说心电感应有道，我也希望这话是真的。那么我死了，我的灵魂还能依依不舍地伴着你，你不必因为失去伴侣而悲伤了。

　　辛亥革命时期的革命战士、黄花岗七十二烈士之一的林觉民，在决心为国殉难前夕写成的《与妻书》，是一篇唱出人民心声、具有动人心魄力量的千秋名作。

　　在这封绝笔信中，作者委婉曲折地表达了自己对妻子的深情和对处于水深火热中的祖国深沉的爱。他把家庭幸福、夫妻恩爱和国家前途、人民命运联系在一起；把对妻子、亲人的爱和对国家、人民的爱连为一体，阐述一个深刻的道理：没有国家和人民的幸福，就不会有个人的真正幸福。全文感情真切，笔调委婉动人，读后令人荡气回肠，具有强烈的感染力。在那阴云密布、豺狼横行的岁月，他无意做一位名垂竹帛的文学家。然而，"绝笔传千秋，忠爱树丰碑"，他的《与妻书》以进步的内容和精湛的艺术而流芳千古，永远铭刻在人们的心坎。

思考寄语

　　林觉民一生追求真理，追求革命，是一位资产阶级民主革命的坚强战士。"吾家后日当甚贫，贫无所苦，清静过日而已"，虽仅仅一语，但读来却使人心潮澎湃。这种将革命传统代代相传，誓与国外反动势力斗争到底的坚强决心，值得我们铭记学习。

9 只取千灯一盏灯

诵读主体

　　江南水乡的众多古镇，我独钟千灯。于是，坐飞机，乘汽车，赶去寻访。

　　千灯果然有灯。清水滋润的河边是一条古旧的石板街，就在那石板街边的店铺中间，有一座古屋，里面陈列着很多的灯，据说，真够上千盏了。那些灯有陶捏的，有瓷质的，有铁铸的，有铜制的。品类众多，造型各异，几乎每一盏灯都闪射着人们心灵中智慧的光芒。

　　无疑，千灯在江南水乡里是亮色独具的。然而，我追溯的却不是这聚合起来的文物拼盘。流动的河水，飞翘的屋檐，都能够标示本土文化的辉泽。流动的河水名为尚书浦，因为曾经疏浚河道的是明朝尚书夏元吉，尚书名气就不小了，可他手下主事的一位官员竟然是比他名气还要大的海瑞。这河流岂可小瞧！凝固的屋檐也不弱，在它的羽翼下名人辈出，有江南丝竹的首创者、陶渊明的后裔陶岘，有世人尊为昆曲鼻祖的顾坚，有明代的抗倭英雄陈先锋，还有昆山市出自南宋的第一位状元卫泾……一个小镇，孕育出这么多的人杰精英，实属罕见。更罕见的是，明清以来考中的进士居然多达35人！

这样浓郁的文化氛围令人陶醉，也令人叩问：是否千灯这方水土当真不凡？当真有千盏明灯辉映着人们的心智？我远道造访，莫非就是奔这智慧的明灯来的？其实不然。我倾心的是石板街最南端的一座院落。屋舍不能算阔大，花园不能算精巧，陈设不能算豪华，不要说和山西的乔家、常家等大院相比，即使和周庄的沈园，同里的退思园相比也有差距。然而，就是这个院落令我顶礼膜拜，因为这里走出了一个令世人刮目相看的文士，他就是大名鼎鼎的顾炎武。

顾炎武原名继坤，改名炎武是因为清兵南下，社稷将倾。为了抵御外侵，他决心投笔从戎，抗击敌寇。只是，寡难敌众，失败后他不得不背井离乡，远走北国。然而，他立定志向，誓不叛明，绝不屈膝为官。顾炎武四处游走，严谨治学，撰出《日知录》《亭林诗文集》等著作，成为名声显赫的思想家、史学家、语言学家，在明末清初与黄宗羲、王夫之并称作三位大儒。

在我眼里，一位思想家不在于他的著作有多么繁富，学说有多么缜密，如果缺少了独具慧眼的发现，缺少了照亮心灵的光色，那只能是平庸的再造或翻版。不要说他笔下那浩瀚的论著，就一句"天下兴亡，匹夫有责"便具有晴天霹雳的震惊效应，它照亮了我愚暗的心扉，给了我新的启迪。我知道这不是他的原话，这话是梁启超为之合成的。他的原话是："有亡国，有亡天下，亡国与亡天下奚辩？曰：易姓改号，谓之亡国；仁义充塞，而至于率兽食人，人将相食，谓之亡天下……保国者，其君其臣，肉食者谋之；保天下者，匹夫之贱，与有责焉耳矣！"

时光逝去数百年了，我坐在书斋轻轻掀动《日知录》，当字行里跳出这段话时，眼睛竟亮得如电光闪射，神魂竟震撼得如惊雷炸响！我把顾炎武尊为补天者，他要补的天是仁爱的苍穹，道德的星空。诚如那个阴沉沉的午后，我走进尚书浦畔的顾家宅第，顿觉阴霾四散，华光迸射，心胸亮堂得少见。是的，仁爱是天，一旦失去仁爱，人和兽还有何种差别？若是世道真的沦为"率兽食人，人将相食"，那可是最为恐怖的灾难啊！这灾难不是天塌，其危害甚于天塌；不是地陷，其危害甚于地陷。要免除这人为的天塌地陷有何良策？顾炎武已明确指出："匹夫之贱，与有责焉耳！"是的，匹夫有责，匹夫履责，才会民风和洽，才会其乐融融，才会重现尧天舜日的美景。

顾炎武点起了一盏灯，一盏照亮人心的明灯！顾炎武就是一盏灯，一盏闪烁在中华大地的思想明灯！

我在千灯的清流秀水边徘徊，我在千灯的老街故宅里追溯，寻访的就是顾炎武这盏明灯。我不敢贪婪，若是千灯容许我带走一盏灯，那我就带走顾炎武这一盏！

知人论世

乔忠延，1950年出生，中国作家协会会员、山西省作协委员。曾在《中国作家》《当代》《中华散文》《人民日报》等报纸杂志发表作品200余万字。已由人民文学出版社等出版散文集《远去的风景》《荒疏的风景》等著作20部。

阅读鉴赏

千灯是典型的江南古镇，距今已有2500多年的历史，是明清之际最杰出的学者和思想家之一顾炎武的故乡。置身于改朝换代之际的顾炎武，曾经在这里发出"天下兴亡，匹夫有责"的救亡呼声，为后人留下了以天下为己任的淑世情怀。是这样一方水土，这样一种地域文化，让这位终生与清廷不合作的大知识分子、坚定的前朝遗民，寻找到了生命与精神上的归宿。

思考寄语

藏在这文字背后的，是一个令人崇敬和向往的伟大背影，是一个无法自拔的人生梦想。在一个风云变幻的时代，顾炎武用生命诠释了自我存在的价值。当今社会，经济高速发展，而精神世界滑坡，我们需要顾炎武这样一盏闪烁在中华大地的思想明灯，来照亮愚暗的心扉，带给我们以无穷的力量和莫大的精神鼓舞。

10 一个永恒的范仲淹

山东青州为中国最古老的行政区之一。当年大禹治水后将中国分为九州，即有青州，禹贡图上有记。现在人们到青州来，主要是两件事，一是上山"拜寿"，二是到城里凭吊范仲淹。

出青州城南五里，有一山名云门山。自山脚下遥望山顶，崖上隐隐有一寿字，这就是人们要来看的奇迹。一条石阶小路折转而上，两边一色翠柏，枝枝蔓蔓，撒满沟沟壑壑。树并不很粗，却坚劲挺拔，都生在石上。树根缘石壁而行，如闪电裂空；树干破石而出，如大迎风。偶有一两株树直挡路中，那是修路时不忍斫损，特意留下的，树皮已被游人摸得油光。环视四周，让人感到往日岁月的细密。片刻我们爬到半山望寿阁，在这里小憩，山顶石壁上的大红寿字已历历在目。

这是世界上最大的寿字，是书法的精品、极品，日本的书道专家还常渡海西来顶礼膜拜呢。这是明代嘉靖三十九年，青州衡王为自己祝寿时所刻，距今已四百多年。山上残雪未消，我在料峭春风中，细细端详这个奇迹。这字高七点五米，宽三点七米，也不知当初怎样写上去、刻出来，却又这样不失间架结构，点画笔意。这衡王创造了奇迹，但他当时的目的并不为艺术。衡王刻字希冀自己长寿百岁，同时也向老百姓摆摆皇族的威风。但是数代之后衡王府就被抄家，命不能永存，威风也早风吹雨打去。倒是这个有艺术价值的寿字，寿到如今。

从山上下来，到青州城西去谒范公祠。这是人们为纪念北宋名臣范仲淹所修，千年来香火不绝。这祠并不大，大约就是两个篮球场大的院子。院心有一井，名范公井，传为范仲淹所修。这井水也不一般，清洌有加，传范仲淹公余用此水调成一种"青州白丸药"，治民痼疾，颇有奇效。如同情人的信物，这井成了后人怀念范公的依托。宋人有诗云："甘情汲取无穷已，好似希文昔日心。"（范仲淹字希文）现在这井还水清如镜。

正东有祠堂，有范公像及其生平壁画。祠堂左右供欧阳修和富弼，他们都是当年推行庆历新政时的主持。院南有竹林一片，翠竹千竿，蔚然秀地灵之气。竹后有碑廊，廊中刻有范公的名文《岳阳楼记》。院心有古木三株，为唐楸宋槐，可知这祠的久远。树之北有冯玉祥将军的隶书碑联："兵甲富胸中，纵教他虏骑横飞，也怕那范小老子；忧乐观天下，愿今人砥砺振奋，都学这秀才先生。"这两句话准确地概括了范公的一生。

范仲淹从小丧父，家境贫寒。他发愤读书，早起煮一小盆粥，粥凉后划为四块，这就是他一天的饭食。以后他科举得官，授龙图阁大学士，为政清廉，且力图革新。后来，西夏频频入侵，朝中无军事人才，他以文官身份统兵戍边，大败敌寇。西夏人惊呼"他胸中自有雄兵百万"，边民尊称为"龙图老子"。连皇帝都按着地图说："有仲淹在，朕就不愁了。"后又调回朝中主持庆历新政的改革，大刀阔斧地除旧图新，又频繁调各地任职，亲自推行地方政治的革新。无论在边防，在朝中，在地方，他总是"进亦忧，退亦忧"。其忧国忧民之心如炽如焰。范仲淹是一个诸葛亮、周恩来式的政治家，一生主要是实践，他按自己认定的处世治国之道，鞠躬尽瘁地去做，将全部才华都投身到处理具体政务、军务中去，并不着意为文。不是没有文才，是没有时间。

宋仁宗皇祐三年（1051），范仲淹到青州任知府，这是他的官宦生涯也是人生旅途的最后一站。第二年他即病逝。《岳阳楼记》是他去世前七年，因病从前线调内地任职时所作。正如《出师表》一样，这是一个伟人后期的作品，也是他一生思想的结晶。我能想见，一个老人在这小院中，在井亭下、竹林中是怎样的焦躁徘徊，自责自求，忧国忧民。他回忆着"人不寐，将军白发征夫泪"的戍边生活；回忆着"居庙堂之上"，伴君勤政的艰辛；回忆赈灾放粮，所见到的平民水火之苦，他总结历代先贤和自己一生的政治阅历，终于长叹一声："先天下之忧而忧，后天下之乐而乐"。这声大彻大悟的慨叹如名刹大庙里的钟声浑厚沉远，震悟大千。这一声大叹悠悠千年，激励着多少志士仁人，匡正了多少仕人官宦。

《岳阳楼记》并不在岳阳楼上所作，洞庭湖之大观当时也不在先生眼前。可以说这是一篇借题发挥之作。范公将他对人生、社会的理解，将他一生经历的政治波涛，将他胸中起伏的思潮，一起借洞庭湖的万千气象，倾泻而出，然而又顿然一收，总成这句名言，化为彩虹，横跨天际，光照千秋。

我在院中徘徊，面对范公、欧阳公和富公的神位，默想千年古史中，如他们这样职位的官员有多少，如他们这样勤勉治事的人又有多少，但为什么只有范仲淹才教人千年永记，时时不忘呢？我想，个人只有辛苦的实践，诚实的牺牲还不行，这些只能随寿而终，只能被同时代的人理解。更重要的是，他要能创造一种精神，能提炼出一种符合民心，符合历史规律的思想。是那句"先天下之忧而忧，后天下之乐而乐"的名言，是这种进步的忧乐观使范仲淹得到了永恒。

春风拂动唐楸宋槐的新枝，翠竹摆动着嫩绿的叶片，这古祠在岁月长河中又迈入新的一年。范公端坐祠内，默默享受这满院春光。

梁衡，1946年出生，现任《人民日报》副总编辑、中国人民大学新闻学院博士生导师、人教版中小学教材总顾问等职。其代表作品有《没有新闻的角落》《新闻绿叶的脉络》《新闻原理的思考》。

阅读鉴赏

历史的车轮碾过灰色的尘土，亘古不变的记忆中印着一位先贤意境宽广的痕迹。无论在淫雨霏霏的青螺水凭栏远眺，还是在羌管悠悠的塞外孤城驻马惆怅，他都不忘"忧天下"的初衷，在各种斗争的风浪中越斗越勇、越争越强，其身心虽历经铁血洗礼，血雨腥风，跌宕沉浮，但他的思想精神却如金子般历久弥新，历久弥坚，光彩照人，艳艳千秋。

梁衡先生以淘金人的精神和智慧，以雕塑大师的手法，在茫茫史海和人海中，精筛细选，去粗取精，为我们昭示了一位智者的情怀，让今天的我们透过几个朝代的尘埃与阴霾看到一种"酌贪泉而觉爽，处涸辙以犹欢"的思想品性，也这正是这种任凭岁月涤荡历久弥坚的精神品性，照亮了跌宕起伏的历史。

思考寄语

作家梁衡先生为我们讲述了遥远的历史中的杰出人物，告诉我们范仲淹的"先天下之忧而忧，后天下之乐而乐"的精神是民族的骄傲，是中华正气篇上熠熠发光的一页。这种铮铮的心弦，也正是我们当下迫切的需求。

11 风雪夜归人

诵读主体

　　三十多年前，父亲在离家15里路的地方上班，他每天骑自行车往返。

　　冬日的天，像个面无表情的冷面人。寒气阵阵，天空透着捉摸不透的意味。父亲抬头望了几次天，说："这天阴了好几天，雪也没下，我还是去吧。厂里一大堆事耽搁不得。"母亲说："下雪了咋办，还是别去了。"父亲犹豫了一下，推起车子出了家门。

　　过了一会儿，天阴得更沉了。没多久，雪纷纷扬扬地下起来。母亲叹口气说："让你爸别去上班，他偏不听，下雪了还咋回家！"父亲轻易不会歇班，他挣的钱要供我们一家开支呢。

　　到了下午，雪已经积了厚厚的一层。"雪越下越大，你爸可咋回来呀！"母亲语气里有明显的担忧和焦虑。"我爸今天也许不回来，听他说那里有住的地方。"我安慰母亲。

　　黄昏时分，雪渐渐小了，但地上的雪更厚了，脚踩上去立即出现深深的窝，每走一步都很吃力。我问母亲："我爸今天不回来了吧？"母亲无比笃定地说："回来！他肯定回来！"夜色笼了过来，母亲站在门口翘首遥望，可路上连个人影也看不到。冰天雪地，我在呼啸的风中瑟缩着，感觉要被冻成一根冰棍。"妈，回家等吧！"我开口说话时，牙齿都要打战。母亲却目光专注地遥望着村口，一声不吭。她在雪花飞扬中保持着一成不变的姿势和表情，那姿势和表情像雕像一般肃穆。忽然，母亲说："走！回家做饭，你爸回来得吃上热乎饭！"

　　母亲认定，父亲一定会回来。我跟着母亲在屋子里忙碌起来。小小的屋子里，炉火烧得正旺，温暖弥漫着，与屋外的世界形成强烈的反差。她嘱咐我在炉火上烧开水："多烧点开水，你爸回家时，得赶紧让他用热水洗洗，暖和暖和。"灶火上熬着红薯粥，母亲开始切白菜，切豆腐，洗粉条，她要做父亲最爱吃的大炖菜。

　　屋子里的饭菜香味弥漫着，妹妹饿得叫起来："妈，我要吃饭，爸爸今天肯定不回来。"夜色漆黑，别人家已经过了晚饭时间，可父亲还没有回来。母亲的态度依旧坚定："你爸一定会回来的，再等会儿！"我和妹妹围着炉火，静静等待。母亲则一趟趟往外面跑，脸上的表情越来越焦虑。

后来母亲不再出门去，但眉头紧锁着，她的焦虑在升级。就在我们都等得心烦意乱的时候，屋门"吱呀"一声开了。"爸爸回来啦！"妹妹喊起来，我和母亲也一跃而起。我们面前的父亲，简直成了雪人！他衣服上都是雪，眉毛、胡须上也都是雪，整个人都是白的。"15公里，我一步步走回来的！"父亲开口说话时，嘴巴像被冻僵了一般。母亲的眼泪一下子涌了出来，她使劲吸吸鼻子，为父亲拍打满身的雪。我赶紧把门关紧，让屋里的温暖一点点融化父亲的寒冷。这个世界有冰有霜，但幸好还有家；这个世界有风有雪，但幸好还有爱。夜归人，只要有人在风雪中为他守候，他就一定能回到家。

父亲坐到餐桌前，看着热气腾腾的饭菜，张口想要说什么，又停了一下，终于说出一句话："家里真暖和！"

知人论世

马亚伟，河北保定人。期刊、副刊作者，写作至今已发表900余万字。笔名王纯、文心等。作品风格清新淳朴，细腻雅致，以情动人。《思维与智慧》《文苑》《启迪与智慧》《特别关注》等杂志签约作者。作品见于《读者》《青年文摘》《意林》《人民日报》《光明日报》《中国青年报》《羊城晚报》《大公报》等报刊。

阅读鉴赏

小说的字里行间流露出浓浓的家的温暖，家人的期盼。虽然屋外寒风料峭，屋内却暖意融融，虽不富裕的一家人，因为相互牵挂、相互关爱而无比幸福美满。

从小说中，首先，能够呷摸出父亲的责任感。再大的风雪都要去上班，再大的寒冷都要回家，可见父亲是一个爱家人、有责任心的人。其次，母亲涌出的眼泪，吸动的鼻子，急速地拍打，都传达出在风雪夜母亲见到父亲回来时的激动及对父亲的心疼。而儿女们真情的呼喊，更是感动着读者，此时此情此地，让人泪湿眼眶。

本文以倒叙的方式讲述故事，设置悬念，吸引读者。叙述时以对人物的动作、神态、语言、细节描写相结合的方式，用真切的语言打动人心，质朴的叙述中彰显真情；同时用环境描写烘托人物的形象。

文淡如菊，道出家的味道，家的和谐。回家是一种重要的渴望，亲情是一种重要的眷顾。当我们外出太久，一定要常回家看看。一家人相亲相爱，才是世界上最大的幸福。

12 玉卮和瓦器

诵读主体

韩昭侯平时说话不大注意，往往在无意间将一些重大的机密事情泄露了出去，使得大臣们周密的计划不能实施。大家对此很伤脑筋，却又不好直言告诉韩昭侯。

有一位叫堂溪公的聪明人，自告奋勇到韩昭侯那里去，对韩昭侯说："假如那里有一只玉做的酒器，价值千金，它的中间是空的，没有底，它能盛水吗？"韩昭侯说："不能盛水。"堂溪公又说："有一只瓦罐子，很不值钱，但它不漏，你看，它能盛酒吗？"韩昭侯说："能够。"

于是，堂溪公因势利导，之后说："这就是了。一个瓦罐子，虽然值不了几文钱，十分卑贱，但因为它不漏，却能够用来装酒；而一个玉做的酒器，尽管它十分贵重，但由于它空而无底，因此连水都不能装，更不用说人们会将可口的饮料倒进去了。人也是一样，作为一个地位至尊、举止至重的国君，如果经常泄露臣下商讨有关国家的机密的话，那么他就好像一件没有底的玉器。即使是再有才干的人，如果他的机密总是被泄露出去，那他的计划就无法实施，因此就不能施展他的才干和谋略了。"

一番话说得韩昭侯恍然大悟，他连连点头说道："你的话真对，你的话真对。"

从此以后，凡是要采取重要措施，大臣们一齐密谋策划的计划、方案，韩昭侯都留意对待，慎之又慎，连晚上睡觉都是独自一人，因为他担心在熟睡中说梦话时，把计划和策略泄露给别人听见，以致误了国家大事。

知人论世

改写自《韩非子·外储说左上》。《韩非子·外储说左上》是战国末期思想家韩非创作的一篇散文。此文主要讲明君治理国家要有办法，全文分为六章，从"忠言逆耳""民为利、士为名""以身作则""诚信"等方面论说，至今仍有很重要的意义，值得后人借鉴和学习。

阅读鉴赏

有智慧的人不仅很善于说话，还能从日常生活中的小事引出治国安邦的大道理，这是阅读堂溪公开导韩昭侯的故事后带给我们的启示。事实上，能够虚心接受意见、不唯我独尊的人，才是明智的领导者。当你明白，个人的力量终究是有限的，就不再会嫌弃旁人的提醒和唠叨。因为，这不是要故意为难你，这是在帮助你不断成长进步。是否可以虚心接受，也体现着你的修养，这是装不出来的。表面上感谢，内心却无比拒绝，这样的纠结，只会让你自我扭曲。

思考寄语

掌握言谈的艺术，劝人于微言，晓之以大义，这是玉卮和瓦器故事的精妙之处。同时，这篇寓言故事启迪我们，计划与措施在时机成熟的时候说出，能取得事半功倍的效果，否则，事倍功半。

大道至简 德行天下

13 常常爱惜（节选）

诵读主体

拾起一穗遗落在秋天原野上的麦芒时，我们心中会涌起一种情感……当水龙头正酝酿着滴落一颗椭圆形的水珠，一只手紧紧拧住闸门时，我们心中会涌起一种情感……

……

人类将这种痛而波动的感觉命名为——爱惜。

我们读这两个字的时候，通常要放低了声音，徐徐地从肺腑最柔软的孔腔吐出，怕惊碎了这薄而透明的温情。

……

爱惜的土壤是喜欢。当我们喜欢某种东西的时候，就希冀它的长久和广大，忧郁它的衰减和短暂。当我们对喜爱之物，怀有难以把握的忧虑时，吝啬是一个常会首选的对策。我们会俭省珍贵的资源，我们会珍爱不可重复的时光，我们会制造机会以期重享愉悦，我们会细水长流反复咀嚼快乐。

于是，爱惜就在不知不觉中发生了。

当我们爱惜的时候，保护的勇气和奋斗的果敢也同时滋生，真爱，需用生命护卫，真爱，就会义无反顾。没有保护的爱惜，是一朵无蕊的鲜花，可以艳丽，却断无果实。没有爱惜的保护，是粗粝和逼人的威迫，是强权而不是心心相印。

爱惜常常发生。在我们不经意的时候，打湿眼帘。

爱惜好比一只竹篮。随着人生的进步，它越编越大了，盛着人自身，盛着绿色，盛着地球上所有的物种，盛着天空和海洋。

知人论世

毕淑敏，1952年10月出生于新疆伊宁，中共党员，国家一级作家、内科主治医师、北京作家协会副主席，北京师范大学文学硕士，心理学博士方向课程结业，注册心理咨询师。

1969年入伍，在喜马拉雅山、冈底斯山、喀喇昆仑山交会的西藏阿里高原部队当兵11年。历任卫生员、助理军医、军医等职。从事医学工作20年后，开始专业写作，1989年加入中国作家协会。2007年，毕淑敏以365万元的版税收入，荣登"2007第二届中国作家富豪榜"第14位，引发广泛关注。著有《毕淑敏文集》十二卷，长篇小说《红处方》《血玲珑》《女心理师》《鲜花手术》等畅销书。她的《学会看病》被选入语文（人教版）5年级上册第20课。

毕淑敏曾获庄重文文学奖，小说月报第四、第五、第六届百花奖，当代文学奖，陈伯吹文学大奖，北京文学奖，昆仑文学奖，解放军文艺奖，青年文学奖，台湾第16届《中国时报》文学奖，台湾第17届《联合报》文学奖等各种文学奖30余次。

阅读鉴赏

这篇散文节选自《常常爱惜》，把无形的温情形象化。"薄"，表明"爱惜"这种情感易被忽视和伤害；"透明"，揭示了这种情感的纯洁，它是一种广泛的存在，跨越地域、跨越国界。所以爱惜需要保护，才能真正实现。没有爱惜，保护就成了强权、胁迫。所谈内容应是生活中我们应该爱惜而没有爱惜的事例的认识或感悟，语言表述通顺。如果在生活中不懂得爱惜，那会失去很多东西！

思考寄语

敬畏、珍爱生活中的真善美，用真挚的情感、纯朴的善念对待生活，我们的视野会随之开阔，我们的心灵会随之澄澈，我们就会发现生活中更多的是美好，生活中有那么多细节值得关注。

14 比时光更坚强

诵读主体

他出生的时候，亲人们还不曾来得及欢喜，就跌进深不见底的冰窟窿中——他居然，是个脑瘫儿。前路遥遥，漆黑一片，不见一丝光亮。

痛得最锥心的，是他的母亲，那个叫陈立香的女人。十月怀胎，有过多少美好的想象啊，想象他的帅气与聪明，想象他的活泼与可爱，却从不承想过，他会脑瘫。

无数的日夜，她对着他，泪流成河。他却无知无觉。两岁多了，还听不见声音，不会说话不会走路，眼睛斜视嘴巴歪着……她抱他入怀，肌肤贴着肌肤，有种奇异的感觉，穿心而过。那是他传递给她的温度。即使他痴着傻着，他依然是她，最疼的骨肉。

母爱在那刻长成参天的树。她为他，辞去工作，专门回家带他。她给他唱儿歌，背唐诗，讲故事……日子一天叠着一天，日月轮转，她在日月轮转里，早早地白了头。却有一个信念不倒，那就是，她宝贝的意识只是睡着了，她会唤醒他。

她真的唤醒了他。他开口说话了，虽然吐字不清，可在她听来，不啻天籁。后来，他又开始学走路了，一步一步，每一步的迈进里，都有她虔诚的欢呼和期待。到达上学年龄，她做出重大决定，要送他去上学。所有人都觉得不可思议，他虽然可以说话可以走路了，但行动并不利索，与同龄孩子的伶俐相比，相去甚远。有人劝她："别折腾了罢，他现在勉强能说能走，已是最大造化，你还要怎的？"

她却坚定着自己的坚定，一定要让他读书识字，让他和其他正常孩子一样。费经周折，她把他送进学校。

从此，他一个人独自背着书包去上学。一路上，他摔过不知多少跟头，她就在后头跟着，却狠着心不去扶他，一任泪水在她脸上肆意流。他手握不住笔，她想尽办法，用布条子，把笔缚在他手上。于是纸上留下一道一道歪歪扭扭的线条，那是他写的字。她看着笑了，在她眼里，那是盛开的花瓣……

一路千山万壑走下来，这一走，就是二十年。二十年的时间，足以磨平许多耐心。她却一直没有放弃，时时守在他身边，一点一点为他积攒，那束叫作希望的炭火。终于在他二十岁那年，那些炭火，化作熊熊大火燃烧——他考上大学了！

他进大学读书时，有记者得知他的经历，很感动，特地采访他。他激动得脸憋得通红，讷讷半天，在一张纸上深情地写道："感谢妈妈！"

她知道了，热泪长流。

二十年的含辛茹苦，这世上，除了母亲，谁还能做出这样的坚持？

知人论世

丁立梅，笔名梅子，《读者》《青年文摘》杂志签约作家。丁立梅作品温情动人，既有深厚如山的亲情，又有炽烈如火的爱情；既有无声的相望，又有疾呼的挽留，被读者誉为"最暖人心的作家"。代表作有《风会记得一朵花的香》《等待绽放》《你在，世界就在》等，其中《花盆里的风信子》入选新加坡中学华文课本。

阅读鉴赏

这篇散文，运用细节描写刻画出母亲对儿子的挚爱，讴歌了母亲的伟大与坚强。用温润的语言告诉我们，比时光更坚强的是深深的母爱，是那份坚持与笃定，并承载着希望与梦想，在与时间赛跑，争分夺秒，最终，这份坚持化作一曲天籁，感动了孩子，成就了孩子，震撼着读者。母亲的坚持最终换来了丰厚的回报，儿子由一位脑瘫儿逆袭成为一名大学生！

思考寄语

有时候，我们感觉走到了尽头，其实只是心走到了尽头。鼓起勇气昂然向前，或许光明就在下一秒出现。母爱之上的坚强如时光，一分一秒，点滴走过。

15 围炉夜话

诵读主体

第五十六则：知往日所行之非，则学日进矣；见世人可取者多，则德日进矣。

第八十三则：人生不可安闲，有恒业①，才足收放心②；日用必须简省，杜奢端③，即以昭俭德④。

【注释】

① 恒业：稳定的产业。

② 收放心：收回放任的心思和念头。放心，任性放荡的想法和念头。

③ 杜奢端：杜绝奢侈的苗头。

④ 昭俭德：显示勤俭的美德。

第八十八则：有生资，不加学力①，气质究难化也；慎大德，不矜细行②，形迹终可疑也。

【注释】

① 学力：学习的功夫。

② 不矜细行：不拘小节。

知人论世

王永彬，晚清近代著名文学品评家，字宜山，人称宜山先生，一生经历了乾隆、嘉庆、道光、咸丰、同治五个时期，著有《围炉夜话》。

《围炉夜话》是晚清时期著名的文学品评著作，全书以"安身立业"为主旨，分别从道德、修身、读书、教子、忠孝、勤俭等多个方面，揭示了人生的深刻含义，其独到见解在中国文学史上占有重要地位。它与《菜根谭》《小窗幽记》并称为中国人修身养性的三大奇书。

阅读鉴赏

译文：第五十六则

能够认识到自己过去犯下的错误，那么学问就能日益充实；看到他人可以学习之处很多，那么德业就能日益增进。

荀子《劝学》有云："君子博学而日参省乎己，则知明而行无过矣。"经常反省自问，检查有哪些地方做得不对，哪些地方还需要不断改进，这样，就能总结经验，吸取教训，增进智慧，避免犯同样的错误。

译文：第八十三则

人生不能每天都过着安闲舒适的日子，有了可以不断追求的事业，就能收回任性安逸之心；日用花费必须节约俭省，只有杜绝奢侈排场的想法，才能体现出勤俭的美德。

必须有追求学问道德的恒心，将读书作为一心一意的事业。没有恒心，则一事无成。将安逸放纵的本心收回，放在学业上，孟子说的"学问之道无他，求其放心而已矣"，就是这个意思。日常的生活不必过于讲究，节俭是一种美德。

译文：第八十八则

天分再高，若后天不努力，气质也很难得到培养；在大的德行上谨慎，而在细节上不注意，这样的表现终究不值得信任。

外因是变化的根据，内因是变化的条件与动力。虽然一个人天生的资质很重要，但后天的努力与谨慎更不可缺少。后天的努力与谨慎都是成功的重要条件。努力让人积极向上，谨慎告诫人们三思而后行，这两者有机统一，方可修成大德。

思考寄语

对他人要多看到其长处，充分肯定其优点，即使是千尺之朽木，也必有尺寸可用之民材，何况绝大多数人是正直向上、追求进步的呢。能看到他人的长处，才能容人，自己的心胸也会更开阔，德业也就可以日益增进。

恒心与节俭是生活中必备的两种重要品质。所谓恒心，就是"锲而舍之，朽木不折；锲而不舍，金石可镂"的坚持之心，恒久之力；所谓节俭，是"静以修身，俭以养德"，重视节约，修养品德。

如果有一个聪明的大脑，健全的体魄，但不刻苦学习，或不将才能用于正途，终究难成有用之才。人的一言一行都反映出其学识修养，真正修大德的人一定要注重细节，细节决定成败。

16 勤俭成大业

诵读主体

勤俭自持，习劳习苦，可以处乐，可以处约，此君子也……凡仕宦之家，由俭入奢易，由奢返俭难。尔年尚幼，切不可贪爱奢华，不可惯习懒惰。无论大家小家、士农工商，勤苦俭约未有不兴，骄奢倦怠未有不败。尔读书写字，不可间断。早晨要早起，莫坠高曾祖考以来相传之家风。吾父吾叔，皆黎明即起，尔之所知也。

知人论世

曾国藩，初名子城，字伯涵，号涤生，谥文正，汉族，湖南省长沙湘乡人。晚清重臣，湘军的创立者和统帅者。清朝军事家、理学家、政治家、书法家，文学家，晚清散文"湘乡派"创立人。官至两江总督、直隶总督、武英殿大学士，封一等毅勇侯。

阅读鉴赏

译文：

勤俭自持，习惯劳苦，可以享受安乐，可以适应俭约，这就是君子。凡是官宦人家，由俭朴到奢侈容易，由奢侈到俭朴难。你的年纪还小，千万不可以贪恋奢侈享受，不可以养成懒惰的习惯。不论是大家庭还是小家庭，士农工商，只要勤劳节俭，没有不兴盛的，若骄奢倦怠，没有不衰败的。你读书不可以间断，早晨要早起，不要败坏我们从曾祖就传下来的家风。我的父亲叔叔，都是黎明就起，这点你很清楚。

不管是谁，只要肯吃苦，勤俭节约，没有不兴旺发达的，只要是骄纵奢侈，懒惰懈怠，没有不家道破败的。所以人要勤恳而俭朴，能自我约束，习惯劳作和辛苦，可以适应顺境，也可以适应逆境，这是圣贤的作风。

成功源自勤俭,衰败起于奢华。勤和俭是中国人的传统美德,它们相辅相成。只有勤劳节俭才可以致富;只有勤奋努力才会取得好的成果。唐代诗人李商隐曾说"历览前贤国与家,成由勤俭破由奢",自古勤俭成大业,而节俭是一种生活态度,更是一种人生修养。

17 万 疆

红日升在东方,其大道满霞光
我何其幸,生于你怀,
承一脉血流淌。
难同当,福共享,挺立起了脊梁,
吾国万疆,以仁爱,
千年不灭的信仰。
写苍天只写一角日与月悠长,
画大地只画一隅山与河无恙,
观万古上下五千年天地共仰,
唯炎黄,心坦荡,一身到四方。
抚流光,一砖一瓦岁月浸红墙;
叹枯荣,一花一木悲喜经沧桑;
横八荒,九州一色心中的故乡;
唯华夏,崭锋芒,道路在盛放。
红日升在东方,其大道满霞光。
我何其幸,生于你怀,

承一脉血流淌。

难同当，福共享，挺立起了脊梁。

吾国万疆，以仁爱，

千年不灭的信仰。

抚流光，一砖一瓦岁月浸红墙，

叹枯荣，一花一木悲喜经沧桑，

横八荒，九州一色心中的故乡，

唯华夏，崭锋芒，道路在盛放。

红日升在东方，其大道满霞光。

我何其幸，生于你怀，

承一脉血流淌。

难同当，福共享，挺立起了脊梁。

吾国万疆，以仁爱，

千年不灭的信仰。

红日升在东方，其大道满霞光。

知人论世

　　《万疆》是由李姝作词，刘颜嘉作曲，李玉刚演唱的歌曲，于2021年5月4日以单曲的形式发布，2021年12月，该曲被《人民日报》评选为"2021年度十大BGM"，同月，该曲成为2021抖音音乐年度歌曲；2022年1月1日，李玉刚凭借该曲获得2021年度全球华语音乐颁奖盛典年度最佳国风音乐人。

　　2021年，国风歌曲逐渐兴起，年轻人对于结合戏腔元素的歌曲热情高涨，更多同类型歌曲也随之而来，形成传统文化＋流行元素的创作趋势。

　　为庆祝中国共产党成立100周年，该歌曲由共青团中央宣传部、中国歌剧舞剧院联合发起，李玉刚受邀演唱。2021年春，为了演绎好这首歌，也为了感受祖国的宽广胸怀，寻找创作灵感，在歌曲录制前，李玉刚与创作团队一起走出录音棚，在长城上实地感受华夏之壮美，山河之辽阔。作为中华民族的象征与骄傲，蜿蜒曲折的长城如巨龙般盘踞在崇山之巅，与天地遥望，共同见证着历史风云的变迁。在苍天一隅，在这长城内外，在炎黄子孙所在的百万疆土之上，是一片国泰民安、山河无恙。中国人民用仁爱守护着自己的家园。就像这座长城，饱经风霜却坚毅不改，在天地间傲然挺立，永远在世界的版图上书写着浓墨重彩的篇章。吾国万疆，大爱无疆。该曲因此命名为《万疆》。而《万疆》也是李玉刚在出道的第十五年，以坚毅心境和一腔爱国情怀，用歌声为祖国献礼的作品。

阅读鉴赏

歌曲《万疆》作为庆祝中国共产党成立100周年的特别献礼，由共青团中央宣传部、中国歌剧舞剧院联合发起，李玉刚受邀演唱。歌词大气磅礴、内涵丰富，旋律婉转悠扬、流畅悦耳。李玉刚怀揣激动的心情演绎《万疆》，在听似沉稳的歌声里却饱含深情与敬畏。经历了岁月变迁，悲喜沧桑，华夏大地仍于霞光中绽放出耀眼光芒，这份民族自豪感也在朗朗旋律中油然而生。特别是在面临世纪疫情的当下，国民能够在安心稳定的环境里生活、工作，这一刻，民族自豪感和爱国情怀同时迸发。而《万疆》这首歌来得恰逢其时，唯美大气的词曲里，人们能找到同样的情感共鸣，抒发出胸中质朴真挚的爱国心情。"我何其幸，生于你怀，承一脉血流淌"，看似朴素平和的词句，字字直戳心底，自有千钧之力，激发起每个中国人深藏心底的浓浓的爱国情、报国志。"红日升在东方，其大道满霞光"，这首歌以这句开头，亦以这句结尾，一字一句饱含深情，唱出了山河无恙、国泰民安，更展现了我们在中国共产党的引领下，昂扬奋进、初心如磐的风貌。

思考寄语

优秀的音乐作品是内容与形式、思想性与艺术性的完美统一，有着强大的艺术感染力和深刻的教育力量；爱国主义歌曲更是可以增强个人的爱国情感，唤起我们对国家的热爱及民族的自豪感。《万疆》正是一首词曲俱佳、感情激越的佳作，歌曲中流露出的爱国情怀与华夏信仰，深深触动了听众内心最柔软的部分，字里行间歌颂着祖国的伟大与辉煌。引导更多青年学子弘扬华夏精神，争做时代新人，练就过硬本领，砥砺前行，为实现中华民族伟大复兴的中国梦贡献自己的青春力量。

18 北　望

诵读主体

昔我初生岁，中原失太平。
宁知墓木拱，不见塞尘清。
京洛无来信，江淮尚宿兵。
何时青海月，重照汉家营？

知人论世

陆游（1125—1210），字务观，号放翁，越州山阴（今浙江绍兴）人，南宋文学家、史学家、爱国诗人。陆游生逢北宋灭亡之际，少年时即深受家庭爱国思想的熏陶。宋高宗时，参加礼部考试，因受宰臣秦桧排斥而仕途不畅。孝宗时赐进士出身。中年入蜀，投身军旅生活。嘉泰二年（1202），宋宁宗召陆游入京，主持编修孝宗、光宗《两朝实录》和《三朝史》，官至宝章阁待制。晚年退居家乡。

创作诗歌今存九千多首，内容极为丰富，或抒发政治抱负，反映人民疾苦，风格雄浑豪放；或抒写日常生活，也多清新之作。词作量不如诗篇巨大，但和诗同样贯穿了气吞残虏的爱国主义精神。著有《剑南诗稿》《渭南文集》《南唐书》《老学庵笔记》等。

阅读鉴赏

陆游的诗简练生动，明白平易，语言自然流畅。如本诗开头两句"昔我初生岁，中原失太平"，直指诗人出生后不久，就遇到了靖康之耻。紧接着"宁知墓木拱，不见塞尘清"句和"京洛无来信，江淮尚宿兵"句与前句对比，通过"哪里知道我都已经老去，还是没有听到收复中原的好消息"作对比，直言山河分割时日长久。汴京和西京洛阳已经失陷多年，可是江淮一带的军队没有北伐中原的动作，抒发自己希望看到山河统一的急切心情。最后结句"何时青海月，重照汉家营"，用问句加深自己渴望收复失地的爱国情思。

全诗没有刻意雕琢。陆游说："琢雕自是文章病，奇险尤伤气骨多。"他以诗句对仗著称，他的对仗常常能够做到工整而不落纤巧，新奇而不致雕琢，显得十分自然、流畅。但是悲愤的情绪从简明的字句中传出，情致深婉。

总之，陆游无愧为中国诗歌发展史上超一流的诗人。他的爱国诗篇，特色鲜明，艺术成就突出。

思考寄语

"为什么我的眼里常含泪水，因为我对这土地爱得深沉。"陆游一生，为国落泪，为国分忧，他的一颗爱国丹心，借浑然天成的质朴诗句充分表达出来。尽管民族危难，他的事业屡屡受挫，但一直不变的是深厚的爱国主义精神，这种精神会一直流淌在我们的血液里，烙印在民族的记忆里。

19 送人赴安西

诵读主体

上马带吴钩，翩翩度陇头。
小来思报国，不是爱封侯。
万里乡为梦，三边月作愁。
早须清黠虏，无事莫经秋。

知人论世

岑参（约715—770），汉族，南阳新野（今河南省南阳市新野县），唐代著名的边塞诗人，与高适并称"高岑"。岑参10岁左右父亲去世，家境日趋困顿。他从兄受学，九岁属文。15岁移居嵩阳，刻苦学习，遍读经史，奠定学业基础。20岁至长安（今陕西西安），献书求仕无成，奔走京洛（今河南洛阳），漫游河朔。天宝三载（744），登进士第，授右内率府兵曹参军。及第前曾作《感旧赋》，叙述家世沦替和个人坎坷。天宝八载（749），充安西四镇节度使高仙芝幕掌书记，后在天宝末年任安西北庭节度使封常清幕府判官。

唐代宗时，岑参曾任嘉州（今四川乐山市）刺史，故世称"岑嘉州"。约大历四年（769）秋冬之际，岑参卒于成都，享年约52岁（51周岁）。文学创作方面，岑参工诗，长于七言歌行，对边塞风光、军旅生活，以及异域的文化风俗有切身的感受，边塞诗尤多佳作。

阅读鉴赏

译文：

你看那位壮士，手执胡钩跨上骏马，英姿勃勃地越过陇山头。他从小就立志报效国家，杀敌立功绝不是为了做官封侯。万里之外的故乡景象将会在你的梦中出现，边疆的月光常常会引起你的别离忧愁之情。你此去应该早日消灭那些胡族侵略者，不要优柔寡断将战事一拖经年。

这是天宝十三载（754）诗人对友人英姿勃发、舍身报国、不计名利的行为极为赞赏，又进一步饶有兴趣地设想友人戍守边疆一定会产生思念之情，最后祈盼早日荡平虏寇，还边境以安宁。全诗充满爱国主义豪情。全诗先写友人的英雄风采，再由表及里，从报国、思乡的角度讴歌了友人的美好心灵，最后告诫友人，尽快结束战争，最好是别"经秋"。因为唐朝戍边将领往往拥兵自重，养敌蓄功，常将本可早日结束的战争一拖经年，给国家造成巨大损失。所谓"兵闻拙速，未睹巧之久也"，可见诗人淳朴的观念中，还饱含战略家的远见卓识。

但是，有这种爱国情怀，并不意味着就可以毫不留恋家园，恰恰相反，这种情怀是与对家国的深厚感情不可分割地联系在一起的。他们为保卫它而离开它，但当离开它的时候，往往对它产生深切的思念。诗人曾有过经年居留塞外的经历，在《安西馆中思长安》等诗中都曾表露过深沉的思乡之情。"万里乡为梦，三边月作愁"，就是这种情感的集中写照。诗人没有写友人在边疆怎样从军苦战，却设想他在万里边关对家乡如何梦绕魂牵，这就写出了友人对家国的一往情深，而这种设想同时也传达出诗人对友人的思念，充满关怀和爱护。这种情怀写得很深沉，很细腻，诗的情调到此一转，但并不压抑。诗的最后两句是诗人的祝愿。"清黠虏"是友人赴安西的目的。诗人居漠北时，亲眼看见战争所造成的巨大破坏。战争不仅造成了田园荒芜，民不聊生，而且对战士本身也是一种荼毒。上句愿友人建功，下句愿友人早归，既表现出诗人与友人同样以国事为重，又表现出双方的情谊，以深厚的情意扣紧"送"字，为全诗作结。

爱国情怀是每个中国人都应具备的。没有国哪有家，作为青年人，无论从哪个角度，都应该把祖国的利益放在首位。

20 红烛（序诗）

诵读主体

"蜡炬成灰泪始干"——李商隐

红烛啊！

这样红的烛！

诗人啊！

吐出你的心来比比，

可是一般颜色？

红烛啊！

是谁制的蜡——给你躯体？

是谁点的火——点着灵魂？

为何更须烧蜡成灰，

然后才放光出？

一误再误；

矛盾！冲突！

红烛啊！

不误！不误！

原是要"烧"出你的光来——

这正是自然的方法。

红烛啊！

既制了，便烧着！

烧罢！烧罢！

烧破世人的梦，

烧沸世人的血——

也救出他们的灵魂，

也捣破他们的监狱！

红烛啊！

你心火发光之期，

正是泪流开始之日。

红烛啊！

匠人造了你，

原是为烧的。

既已烧着，

又何苦伤心流泪？

哦！我知道了！

是残风来侵你的光芒，

你烧得不稳时，

才着急得流泪！

红烛啊！

流罢！你怎能不流呢？

请将你的脂膏，

不息地流向人间，

培出慰藉的花儿，

结成快乐的果子！

红烛啊！

你流一滴泪，灰一分心。

灰心流泪你的果，

创造光明你的因。

红烛啊！

"莫问收获，但问耕耘。"

知人论世

闻一多(1899—1946),名亦多,字友三,亦字友山,家族排行叫家骅。后改名多,又改名一多。现代爱国诗人,学者,民主战士。自幼喜爱古典诗歌、绘画和戏曲。五四运动后开始发表新诗。曾留学美国,先后在中山大学、武汉大学、国立青岛大学、清华大学、西南联大任教。1946年7月15日发表了著名的《最后一次讲演》,当日下午,即遭到国民党特务的杀害。

他早年参加新月社,提倡新格律体诗。在论文《诗的格律》中,他要求新诗具有"音乐的美(音节),绘画的美(辞藻),并且还有建筑的美(节的匀称和句的均齐)"。他的诗在内容上的突出特点,就是具有极强烈的民族意识和民族气质,表现出深沉、热烈的爱国主义精神,并从爱国爱民的真情出发,表现出对黑暗现实的厌恶,对人民疾苦的同情和美好未来的憧憬。爱国主义精神贯穿于他的全部诗作,成为他的诗歌创作的基调。代表作《红烛》《死水》具有沉郁奇丽的艺术风格,整齐、和谐的艺术表现,影响颇大。

1922年,闻一多赴美国留学,他不堪忍受歧视,写过许多爱国诗篇。1926年,他从美国归来,但看到的是北洋军阀统治下民不聊生、政治腐败、经济凋敝的黑暗现实,极为失望。正是这种为现实所冷却的爱和期望,成为其诗的深层根基。

诗集《红烛》由诗人在清华大学和美国两个时期的作品组成。不但以浓烈的色彩独树一帜,而且以丰富的想象、精练的语言、典型的东方风格,形成了自己的独特个性。这首与诗集同名的诗篇,就是诗集《红烛》的序诗。

阅读鉴赏

这首诗写于1923年。诗人准备出版自己的第一部诗集,在回顾自己数年来的理想探索历程和诗作成就时,写下了这首名诗《红烛》,将它作为同名诗集《红烛》的序诗。

诗的开始就突出红烛的意象,红红的,如同赤子的心。闻一多要问诗人们,你们的心可有这样的赤诚和热情,你们可有勇气吐出自己的真心和这红烛相比?一个"吐"字,生动形象,将诗人的奉献精神和赤诚表现得一览无余。

诗人接着问红烛,问它的身躯从何处来,问它的灵魂从何处来。这样的身躯、这样的灵魂为何要燃烧,要在火光中毁灭自己的身躯?诗人迷茫了,如同在生活中的迷茫,找不到方向和思考不透很多问题。矛盾!冲突!在曾有的矛盾冲突中,诗人坚定了自己的信念。因为,诗人坚定地说:"不误!不误!"诗人已经找到了生活的方向,准备朝着理想中的光明之路迈进,即使自己被烧成灰也在所不惜。

诗歌从第四节开始，一直歌颂红烛，写出了红烛的责任和生活中的困顿、失望。红烛要烧，烧破世人的空想，烧掉残酷的监狱，靠自己的燃烧救出一个个活着但不自由的灵魂。红烛的燃烧受到风的阻挠，它流着泪也要燃烧。那泪，是红烛的心在着急，为不能最快实现自己的理想而着急、流泪。诗人要歌颂这红烛，歌颂这奉献的精神，歌颂这来之不易的光明。在这样的歌颂中，诗人和红烛在交流。诗人在红烛身上找到了生活方向：实干，探索，坚毅地为自己的理想努力，不计较结果。诗人说："莫问收获，但问耕耘。"

这首诗有浓重的浪漫主义和唯美主义色彩。诗歌在表现手法上重幻想和主观情绪的渲染，大量使用了抒情的感叹词，以优美的语言强烈地表达了心中的情感。在诗歌形式上，诗人极力注意诗歌的形式美和诗歌的节奏，以和诗中要表达的情感相一致，如重复句的使用、一定程度上采用中国传统诗歌的押韵形式、前后照应和每节中诗句相对的齐整等。诗人所倡导的中国新诗的格律化、音乐性的主张在这首诗中有一定的体现。可以说，闻一多融汇古今中外的诗歌形式，以强烈的情感表达和追求精神开辟了中国一代诗风，激励着一代代的中国诗人去耕耘和探索。

全诗将唐代诗人李商隐的一句诗"蜡炬成灰泪始干"作为引子，诗的主体部分就是扣住"灰"与"泪"分两层来展开抒情的。全诗以诗人对"红烛"心迹的交流为线索，用问答的形式展开诗意、抒发诗情，显示了诗人对人生真谛、对诗歌创作的宗旨求索的过程和结果。

思考寄语

人们常说，"一分耕耘，一分收获"，这本是理所当然的。但是，在不合理的社会里，耕耘者需要更高的思想品格，只要能创造光明，个人的得失荣辱一切在所不计。这正是闻一多人格美的集中体现。他热爱祖国，热爱人民，毫不顾惜个人的得失荣辱，那是极其伟大崇高的献身精神。他抓住蜡烛"燃烧""流泪"的特点，将"蜡炬成灰泪始干"的奉献式的悲壮反复呈现，于是，他也成了时代的"红烛"。红烛以"莫问收获，但问耕耘"为宗旨，唯愿为世人创造光明。

21 赠孟浩然

> 吾爱孟夫子，风流天下闻。
> 红颜弃轩冕，白首卧松云。
> 醉月频中圣，迷花不事君。
> 高山安可仰，徒此揖清芬。

知人论世

李白（701—762），字太白，号青莲居士，是屈原之后最具个性特色、最伟大的浪漫主义诗人，有"诗仙"之美誉，与杜甫并称"大李杜"。其诗以抒情为主，善于描绘自然景色，表达对祖国山河的热爱，又表现出蔑视权贵的傲岸品格，对人民疾苦表示同情。其诗风雄奇豪放，想象丰富，语言流转自然，音律和谐多变，善于从民间文艺和神话传说中汲取营养和素材，构成其特有的瑰玮绚烂的色彩，达至盛唐诗歌艺术的巅峰。存世诗文千余篇，有《李太白集》30卷。

本诗大致写在李白寓居湖北安陆时期（727—736），此时他常往来于襄汉一带，与比他年长十二岁的孟浩然结下了深厚友谊。本诗描绘了孟浩然风流儒雅的形象，同时也抒发了李白与他在思想感情上的共鸣。

阅读鉴赏

译文：

我非常敬重孟老夫子，他为人高尚，风流倜傥闻名天下。少年时鄙视功名不爱官冕车马，高龄白首又归隐山林摒弃尘杂。明月夜常常饮酒醉得非常高雅，他不事君王，迷恋花草胸怀豁达。高山似的品格怎么能仰望着他？只在此揖敬他芬芳的道德光华！

全诗采用抒情—描写—抒情的方式，以一种舒展唱叹的语调，表达诗人推崇孟浩然风雅潇洒品格的敬慕之情。

首联点题，提纲挈领，总摄全诗，抒发了诗人对孟浩然的钦敬爱慕之情，一个"爱"字是贯穿全诗的抒情线索。孟浩然比李白长十二岁，生性潇洒，襟怀磊落，诗才突出，令李白仰慕钦敬。这里以"夫子"相称，是对孟浩然的赞誉，非诗人鄙夷不齿的腐儒。"风流"指孟浩然潇洒清远的风度人品和超然不凡的文学才华。

颔联、颈联勾勒出一个高卧林泉、风流自赏的诗人形象。颔联中"红颜"对"白首"，概括了孟浩然从少壮到晚岁的生涯，一边是达官贵人的车马冠服，一边是高人隐士的松风白云，他宁弃仕途而取隐遁。通过对比，自正及反，突出了他的高风亮节。颈联由反而正，写孟浩然在皓月当空的清宵，把酒临风，往往至于沉醉，有时于繁花丛中流连忘返，由隐居写到不事君。"弃轩冕""卧松云"是一个事情的两个方面。"中圣"引用曹魏时徐邈的故事，他喜欢喝酒，将清酒叫作圣人，浊酒叫作贤人，"中圣"就是喝醉酒之意，与"事君"构成巧妙的对偶。"高山"一句用了《诗经·小雅》中"高山仰止，景行行止"的典故，后来司马迁在《史记·孔子世家》中用来赞美孔子。

尾联又回到抒情，感情进一步升华。孟浩然不逐利、不慕名、自甘淡泊的品格已描绘得非常充分，在此基础上将抒情加深加浓，推向高潮，也就水到渠成了。仰望高山的形象使诗人的敬慕之情更加具体化，但这座山太巍峨了，因而有了"安可仰"的感叹，只能对孟浩然纯洁芳馨的品格拜揖。这样写是更高意义上的崇仰。

思考寄语

不逐利、不慕名、甘于淡泊的高洁品格是中华民族的传统美德之一。孟浩然虽有才华但不浮夸，其风雅潇洒让人钦佩，这也是历代文人墨客所尊崇的。李白虽然风流傲岸、狂放不羁，但是也被孟浩然的人格魅力所征服，这不难看出李白对于一个人道德水平的评价标准是符合社会主流价值观的，他不屑与权贵们为伍，发出"安能摧眉折腰事权贵，使我不得开心颜"的豪言，也就不难理解了。我们在现实生活中是否也能够做到不追名逐利，不计较得失，成为一个品格高尚的人呢？

方圆相宜　行稳致远

1 四 顺

诵读主体

政之所兴，在顺民心；政之所废，在逆民心。民恶忧劳，我佚乐之；民恶贫贱，我富贵之；民恶危坠，我存安之；民恶灭绝，我生育之。能佚乐之，则民为之忧劳；能富贵之，则民为之贫贱；能存安之，则民为之危坠；能生育之，则民为之灭绝。故刑罚不足以畏其意，杀戮不足以服其心。故刑罚繁而意不恐，则令不行矣。杀戮众而心不服，则上位危矣。故从其四欲，则远者自亲；行其四恶，则近者叛之。故知予之为取者，政之宝也。

知人论世

管仲（前723—前645），姬姓，管氏，名夷吾，字仲，谥敬，颍上（今安徽省颍上县）人。中国古代著名的经济学家、哲学家、政治家、军事家。春秋时期法家代表人物，周穆王的后代。齐桓公元年，得到鲍叔牙推荐，担任国相，辅佐齐桓公成为春秋五霸之首。对内大兴改革、富国强兵；对外尊王攘夷，九合诸侯，一匡天下，被尊称为"仲父"。《管子》是一部记录中国春秋时期齐国政治家、思想家管仲及管仲学派的言行事迹的书籍。大约成书于战国时代至秦汉时期。

管仲注重经济和农业，反对空谈主义，开创职业技能教育，主张改革以富国强兵。整顿行政管理系统，使士、农、工、商各就其业，从而使部落的残余影响被彻底革除，行政区域的组织结构更加精细化，并且有效地维护了社会稳定。总结出一套对于各级官员施行奖惩的具体办法，提倡选贤任能，在一定程度上突破了世卿世禄制，扩大了人才来源，这一制度成为日后科举制度的雏形。打出"尊王攘夷"的旗帜，以诸侯长的身份，挟天子以伐不敬，使齐桓公霸业更加合法合理，同时也保护了中原经济和文化的发展，为华夏文明的存续做出了巨大贡献。

译文：

政令所以能推行，在于顺应民心。政令所以废弛，在于违背民心。人民怕忧劳，我便使他安乐；人民怕贫贱，我便使他富贵；人民怕危难，我便使他安定；人民怕灭绝，我便使他生育繁息。因为我能使人民安乐，他们就可以为我承受忧劳；我能使人民富贵，他们就可以为我忍受贫贱；我能使人民安定，他们就可以为我承担危难；我能使人民生育繁息，他们也就不惜为我而牺牲了。单靠刑罚不足以使人民真正害怕，仅凭杀戮不足以使人民心悦诚服。刑罚繁重而人心不惧，法令就无法推行了。杀戮多行而人心不服，为君者的地位就危险了。因此，满足上述四种人民的愿望，疏远的自会亲近；强行上述四种人民厌恶的事情，亲近的也会叛离。由此可知，"予之于民就是取之于民"这个原则，是治国的法宝。

《四顺》选自《管子·牧民》，阐明了治国理政的关键在于顺民心，着力满足民众对于安逸、富贵、稳定和生存的愿望。

治国理政的基本规律是"得民心得天下，失民心失天下"。顺应民心，政权就巩固，社会就发展；逆反民心，政权就危险，社会就停滞。管仲清楚地认识到这一规律，在《四顺》中，开门见山，用明白晓畅的语言予以表达："政之所兴，在顺民心；政之所废，在逆民心。"在管仲看来，人人都有追求安逸、富贵、稳定和生存的欲望，顺民心就要满足民众的基本欲望，让百姓安居乐业、休养生息，帮助他们避免忧劳、贫贱、危难和灭绝。管仲认为，治国理政实质是一个君王与民众互动的过程，君王顺民心，民众就拥护，否则，民众就反对。因此，只有顺民心，才能得到民众最好的回报，"能佚乐之，则民为之忧劳；能富贵之，则民为之贫贱；能存安之，则民为之危坠；能生育之，则民为之灭绝"。这是一幅多么理想的君王与民众良好互动的图景。管仲在辅佐齐桓公过程中很重视刑罚和法律，但他仍然认为，顺民心不能过分倚重法制，"刑罚不足以畏其意，杀戮不足以服其心"。他还进一步指出，顺民心不能太多地使用刑罚。刑罚繁杂，不利于政令推行；杀戮过多，君王的地位就会有危险，"故刑罚繁而意不恐，则令不行矣；杀戮众而心不服，则上位危矣"。最后强调，顺民心，形式上是给予民众，实质上是取于民众。"予"就是"取"，这是治国理政的法宝，"故知予之为取者，政之宝也"。

思考寄语

　　《四顺》体现了管仲的"民本"思想。民本思想在中国古代悠久而绵长。例如，上古的夏禹提出"民为邦本，本固邦宁"，周朝开国元勋周公旦强调"敬德保民"。不过，现在看到的上古时期的民本思想，多是只言片语。真正形成完整思想体系的是春秋战国时期，尤其是儒家的"民贵君轻"思想，更是光耀千秋。但是，春秋战国数百年间，既提出民本思想又躬身实践者，唯管仲一人。在管仲那里，不仅有民本的理论升华，而且有民本的成功实践。今日看来，管仲"四顺"中的民本思想，不因年代久远，而失去其现实意义。

2　赵柔传

诵读主体

　　赵柔，字元顺，金城人也。少以德行才学知名河右。沮渠牧犍时，为金部郎。世祖平凉州，内徙京师。高宗践阼，拜为著作郎。后以历效有绩，出为河内太守，甚著仁惠。柔尝在路得人所遗金珠一贯，价直数百缣，柔呼主还之。后有人与柔铧数百枚者，柔与子善明鬻之于市。有从柔买，索绢二十匹。有商人知其贱，与柔三十匹，善明欲取之。柔曰："与人交易，一言便定，岂可以利动心也。"遂与之。搢绅之流，闻而敬服焉。

知人论世

　　魏收（507—572），字伯起，小名佛助，钜鹿郡下曲阳县（今河北省晋州市）人。南北朝时期北齐大臣，文学家、史学家，与温子升、邢邵并称"北地三才子"。天保二年，魏收受命撰写北魏历史，联合房延祐、辛元植、刁柔、裴昂之、高孝乾等人，博总斟酌，撰成《魏书》。

《魏书》是二十四史之一，是一部纪传体断代史书，系我国封建社会历代"正史"中第一部专记少数民族政权史事的著作。记载了公元4世纪末至6世纪中叶北魏王朝的历史，内容涉及它的发展兴盛、统一北方、实现封建化和门阀化的过程，以及北魏、东魏与南朝宋、齐、梁三朝关系的历史。

阅读鉴赏

译文：

赵柔，字元顺，北魏金城人，年轻时就以德行才学闻名河西。世祖平定凉州以后，赵柔到京师任职。高宗即位以后，赵柔任著作郎。后来因为历任有政绩，出京任河内太守，仁厚的名声非常显赫。赵柔曾经在路上捡到别人掉的一串金珠，价值数百匹黄绢，赵柔立即叫回失主，把金珠还给了他。后来有人赠送给赵柔数百枚铧（犁铧，翻土农具），赵柔于是同儿子善明去集市上卖。有个人要买赵柔的铧，赵柔向他要价20匹绢。另一商人见他的要价低，于是要给他30匹绢来买，善明便打算卖给这个商人。赵柔说："和别人做交易，一言为定，怎么可以因为利益而改变心意呢？"随即卖给了原来那个人。当时的官僚士绅听说此事后，都对赵柔非常佩服。

《赵柔传》选自《魏书》，是一篇人物传记。人物传记是通过对典型人物的生平、生活、精神等领域进行系统描述、介绍的一种文学作品形式。作品要求"真、信、活"，以达到对人物特征和深层精神的表达和反映。

本文先简要介绍北魏金城人赵柔年轻时就以德行才学闻名河西，做官后历任有政绩，仁厚的名声非常显著。接着重点记述了赵柔拾金不昧和卖犁铧的故事。这两则故事，体现了赵柔具有坚守信义的中华传统美德，即使面对金钱的诱惑，也不改人性之敦厚。文章抓住人物性格特征，突出其精神品质，选材精当，择要介绍，以小见大，主题集中，将史料的真实性与描写的生动性有机结合，刻画了一位德才兼备、坚守信义的典型人物形象。其人不仅令当时的"搢绅之流，闻而敬服焉"，也是后人学习的典范。

思考寄语

人无信不立。古往今来，流传着不少关于诚信的美谈。商鞅立木取信、晋文公退避三舍、季布一诺千金等诚信故事，至今仍被人们津津乐道。赵柔之所以为人所敬仰，与其恪守信义也不无关系。作为新时代的青年，我们要向以诚信为本的先贤们学习，成为一个诚实守信之人。

3 生于忧患，死于安乐

诵读主体

舜发于畎亩之中，傅说举于版筑之间，胶鬲举于鱼盐之中，管夷吾举于士，孙叔敖举于海，百里奚举于市，故天将降大任于斯人也，必先苦其心志，劳其筋骨，饿其体肤，空乏其身，行拂乱其所为，所以动心忍性，曾益其所不能。

人恒过，然后能改，困于心，衡于虑，而后作，征于色，发于声，而后喻。入则无法家拂士，出则无敌国外患者，国恒亡，然后知生于忧患而死于安乐也。

知人论世

孟子（约前372—前289），名轲，字子舆，邹国（今山东邹城东南）人。战国时期哲学家、思想家、政治家、教育家，是孔子之后儒家学派最重要的代表人物，与孔子并称"孔孟"，被誉为"亚圣"。孟子的主要思想是仁、义、善，宣扬"仁政"，最早提出"民贵君轻"思想。孟子的言论著作收录于《孟子》一书。此书不仅是儒家的重要学术著作，也是中国古代极富特色的散文集。其文特色鲜明：一是气势充沛，感情洋溢，逻辑严密，既滔滔雄辩，又从容不迫；二是善用形象化的事物与语言，说明复杂的道理。对后世散文家韩愈、柳宗元、苏轼等影响很大。

文章合为时而著。春秋战国时期，战争纷纭，弱肉强食，一个国家要想立于不败之地，需要有忧患意识，发愤图强，不能安于现状、不思进取。孟子写此文，在当时有着极强的现实意义。

阅读鉴赏

译文：

舜从田野耕作之中被起用，傅说从筑墙的劳作之中被起用，胶鬲从贩鱼卖盐中被起用，管夷吾被从狱官手里救出来并受到任用，孙叔敖从海滨隐居的地方被起用，百里奚被从奴隶市场里赎买回来并被起用。所以上天要把重任降临在某人的身上，一定先要使他心意苦恼，筋骨劳累，使他忍饥挨饿，身体空虚乏力，使他的每一行动都不如意，这样来激励他的心志，使他性情坚忍，增加他所不具备的能力。

一个人，常常犯错，然后才能改正；在内心里困惑，思虑阻塞，然后才能知道有所作为；表现在脸色上，流露在言语中，然后才能被人所知晓。一个国家，如果在国内没有坚守法度的大臣和足以辅佐君王的贤士，在国外没有实力相当、足以抗衡的国家和来自国外的祸患，这样的国家就常常会走向灭亡。这样就知道忧虑祸患能使人（或国家）生存发展，而安逸享乐会使人（或国家）走向灭亡的道理了。

本文节选自《孟子》，是一篇说理散文。说理散文是具有形散神聚的散文特点，又有一定议论说理特色的散文形式。

此文开头，作者一连列举六位古代圣贤在困难忧患中崛起的事例，来证明"天将降大任于斯人也，必先苦其心志，劳其筋骨，饿其体肤，空乏其身，行拂乱其所为，所以动心忍性，曾益其所不能"这一论断，说明了前面六个人物之所以成功的原因：艰苦的环境，一方面给人们以困苦、饥饿、贫困、疲乏、忧虑，每每就不如人意；但另一方面，也正是这些困难，坚定、振奋人们的意志，使人们在不断克服困难、求得生存的过程中增加了聪明才干。孟子接着指出："人恒过，然后能改；困于心，衡于虑，而后作；征于色，发于声，而后喻。"客观环境的困难和自身判断的失误，造成人在改造客观的过程中的错误，而他也就在不断克服困难的过程中积累了经验教训，从而达到"能改"的境界。他有痛苦，有忧虑，想发愤，想创造，必然表现在形色上，吐发在言辞中，期望得到理解与同情、启发与帮助。人就在这一切与忧患的斗争中，表现了他的活力、意志、情感、创造能力。孟子在提出"生于忧患"这一命题的同时，也提出了"死于安乐"的命题，并上升到国家的高度来论述。"入则无法家拂士，出则无敌国外患。"在内没有能干的大臣，时时注意修明法度；没有敢于直谏的贤士，处处提醒国君克己慎终。在外又没有敌国的抗衡、外寇的侵扰。如此安适的环境，首先带来的必然是精神的怠惰和意志的消沉。这是精神上的死亡。紧接着必然是物质上的死亡——"国恒亡"。"生于忧患，死于安乐"，一反一正，相辅相成地说明了同一人生哲理的两面，既娓娓动听，又给人警策。

在修辞上，此文颇有特色。《孟子》善用排比句，往往采用一连串结构相同的句式，对于同一论题，进行多角度多层次的说明，有如千流万壑，一时俱下，形成滔滔万里不可阻挡的气势。孟子文以雄辩著称，这类句式的采用是很重要的一个原因。《生于忧患，死于安乐》，配合归纳的推理方式，便采用了这种句式，开篇连举六位圣贤的成功事迹，从数量上给人以深刻印象，使人觉得"生

方圆相宜　行稳致远

于忧患"确是一种普遍存在的社会现象；接着又极力铺排艰难环境给人们带来的磨难，反衬了圣贤成功的不易；然后再历述圣贤面对艰难忧患的正确态度与处理方法，最终得出"生于忧患，死于安乐"的结论，很有说服力。

思考寄语

忧患可以使人发奋，安乐可以松懈斗志；逆境中求生，顺境中灭亡，这就是人生的辩证法。不经历风雨，怎能见彩虹。一个人要成就大事，一定要经历许多艰难困苦的磨炼。只有经历艰难困苦，经风雨，见世面，才能锻炼意志，增长才干，担当大任。安逸享乐，在温室里成长，则不能养成克服困难、摆脱逆境的能力，会在困难面前束手无策，遇挫折、逆境则消沉绝望，甚至导致灭亡。在成长之路上，新时代的青年要牢记生于忧患死于安乐的箴言，做一个为实现中国梦而不畏艰险、越挫越勇、自强不息之人。

4 得道多助，失道寡助

诵读主体

天时不如地利，地利不如人和。三里之城，七里之郭，环而攻之而不胜。夫环而攻之，必有得天时者矣，然而不胜者，是天时不如地利也。城非不高也，池非不深也，兵革非不坚利也，米粟非不多也，委而去之，是地利不如人和也。故曰：域民不以封疆之界，固国不以山溪之险，威天下不以兵革之利。得道者多助，失道者寡助。寡助之至，亲戚畔之；多助之至，天下顺之。以天下之所顺，攻亲戚之所畔，故君子有不战，战必胜矣。

孟子(约前372—前289),名轲,字子舆,邹国(今山东邹城东南)人,战国时期思想家、教育家、政治家、哲学家。儒家学派的主要代表人物之一。在政治上主张法先王、行仁政;在学说上推崇孔子,反对杨朱、墨翟。

孟子相传为鲁国姬姓贵族孟孙氏孟共仲(孟恭仲)公子庆父的后裔。父名激,母仉(zhǎng)氏。孟子继承并发展了孔子的思想,但较之孔子的思想,他又加入自己对儒术的理解,有些思想也较为偏激,被后世尊称为"亚圣"。《孟子》一书属语录体散文集,是孟子的言论汇编,由孟子及其弟子共同编写完成,记录了孟子的言行。他提倡仁政,提出"民贵君轻"的民本思想,游历于齐、宋、滕、魏、鲁等诸国,希望追随孔子推行自己的政治主张,前后历时二十多年。但孟子的仁政学说被认为是"迂远而阔于事情",而没有得到实行。最后他退居讲学,和他的学生一起,"序《诗》《书》,述仲尼之意,作《孟子》七篇"。

阅读鉴赏

译文:

有利于作战的天气、时令,比不上有利于作战的地理形势;有利于作战的地理形势,比不上作战中的人心所向、内部团结。一座方圆三里的小城,有方圆七里的外城,四面包围起来攻打它,却不能取胜。采用四面包围的方式攻城,一定是得到有利于作战的天气、时令了,可是不能取胜,这是因为有利于作战的天气、时令比不上有利于作战的地理形势啊。城墙并不是不高,护城河并不是不深,武器装备也并不是不精良,粮食供给也并不是不充足,但是,守城一方还是弃城而逃,这是因为作战的地理形势再好,也比不上人心所向、内部团结。所以说,使人民定居下来而不迁到别的地方去,不能靠疆域的边界,巩固国防不能靠山河的险要,震慑天下不能靠武器的锐利。能施行"仁政"的君王,帮助支持他的人就多,不能施行"仁政"的君主,支持帮助他的人就少。支持帮助他的人少到了极点,连内外亲属也会背叛他;支持帮助他的人多到了极点,天下所有人都会归顺他。凭着天下人都归顺他的条件,去攻打那连亲属都反对背叛的君王,所以,能行"仁政"的君主不战则已,战就一定能胜利。

本文选自《孟子·公孙丑下》。文章开门见山,提出中心论点"天时不如地利,地利不如人和",指出人和是克敌制胜的首要条件。接着摆事实、讲道理,逐层展开,用概括性的战例加以证明,分别就天时与地利及地利与人和作比较,指出天时、地利、人和三因素在战争中所起的作用不同。然后由战争中的"人和"推出治国安邦的道理,得出"得道者多助,失道者寡助"的结论,阐明了

"人和"的实质，即"多助""天下顺之"。然后把"多助"与"寡助"进行对比，自然导出"君子有不战，战必胜矣"。

从表面上看，此文是在谈战争，其实主要是谈政治，是借战争谈政治。孟子借谈战争的取胜条件以阐明他的政治主张，他主张国君要有仁德，施行仁政（"得道"），这样才能"多助"，众人才会归顺，而"天下顺之""战必胜矣"，国家才能治理好。

本文写作上的主要特点：一是采用"总—分—总"的论证结构。首先提出中心论点"天时不如地利，地利不如人和"；其次分别设例证明"天时不如地利"与"地利不如人和"；最后从道理上论证中心论点。二是析理精微，议论恢宏，气势奔放，阐述引申层层深入，逻辑性很强。三是采用排比的修辞方法，使文章语气强烈，具有极强的说服力。

思考寄语

孟子"得道多助，失道寡助"的思想，在现代生活中仍有其普遍的意义。无论是国家还是个人，站在正义、仁义方面，会得到多数人的支持与帮助；违背道义、仁义，必然陷于孤立。

5 陋室铭

诵读主体

山不在高，有仙则名。水不在深，有龙则灵。斯是陋室，惟吾德馨。苔痕上阶绿，草色入帘青。谈笑有鸿儒，往来无白丁。可以调素琴，阅金经。无丝竹之乱耳，无案牍之劳形。南阳诸葛庐，西蜀子云亭。孔子云：何陋之有？

知人论世

刘禹锡（772—842），唐代文学家、哲学家，字梦得，洛阳人，有"诗豪"之称。初在淮南节度使杜佑幕府中任记室，后入朝为监察御史。政治上主张革新，是王叔文派政治革新活动的中心人物之一。永贞革新失败遭贬，后历任朗州司马、连州刺史、夔州刺史、和州刺史、主客郎中、礼部郎中、苏州刺史等职。会昌时，加检校礼部尚书。刘禹锡诗文俱佳，涉猎题材广泛，与柳宗元并称"刘柳"，与韦应物、白居易合称"三杰"，并与白居易合称"刘白"，有《陋室铭》《竹枝词》《杨柳枝词》《乌衣巷》等名篇。哲学著作《天论》三篇，论述天的物质性，分析"天命论"产生的根源，具有唯物主义思想。有《刘梦得文集》，存世有《刘宾客文集》。

《陋室铭》作于和州任上（824—826）。刘禹锡在任监察御史期间，参加了"永贞革新"，反对宦官和藩镇割据势力。革新失败后，被贬至安徽和州县当一名小小的通判。按规定，通判应在县衙里住三间三厢的房子。可和州知县看人下菜碟，见刘禹锡是从上面贬下来的软柿子，就故意刁难。先安排他在城南面江而居，刘禹锡不但无怨言，反而很高兴，还随意写下两句话，贴在门上："面对大江观白帆，身在和州思争辩。"和州知县知道后很生气，吩咐衙里差役把刘禹锡的住处从县城南门迁到县城北门，面积由原来的三间减少到一间半。新居位于德胜河边，附近垂柳依依，环境也还可心，刘禹锡仍不计较，并见景生情，又在门上写了两句话："垂柳青青江水边，人在历阳心在京。"那位知县见其仍然悠闲自乐，满不在乎，又再次派人把他调到县城中部，而且只给一间只能容下一床、一桌、一椅的小屋。半年时间，知县强迫刘禹锡搬了三次家，面积一次比一次小，最后仅是斗室。这位势利眼的县官，实在欺人太甚，刘禹锡遂愤然提笔写下这篇超凡脱俗、情趣高雅的《陋室铭》，并请人刻上石碑，立在门前，以展现自己的节操。

阅读鉴赏

译文：

山不在于高，有了神仙就会有名气。水不在于深，有了龙就会有灵气。这是简陋的房子，只是我品德好就感觉不到简陋了。苔痕碧绿，长到台阶上；草色青葱，映入帘里。到这里谈笑的都是博学之人，交往的没有知识浅薄之人，可以弹奏不加装饰的琴，阅读佛经。没有弦管奏乐的声音扰乱耳朵，没有官府的公文使身体劳累。南阳有诸葛亮的草庐，西蜀有扬子云的亭子。孔子说：有什么简陋的呢？

铭是古代一种刻于金石上的押韵文体，多用于歌功颂德与警诫自己。本文通过对陋室的描写和赞颂，抒发了作者安贫乐道、洁身自好的思想感情，展现了不慕富贵、不与世俗同流合污的高尚节操。

文章内容包括四层意思。第一层（从开头至"惟吾德馨"）以类比的方式引出文章主旨。文章开头即以"山不在高，有仙则名。水不在深，有龙则灵"的大气之语开篇，既显得出手不凡，也为颂赞即将登场的陋室埋下了伏笔。"斯是陋室，惟吾德馨"，作者笔锋一转，直接切入了主题。山、水的平凡因仙、龙而灵秀，那么陋室当然也可借道德品质高尚之士播撒芬芳。以类比的方式开头，引出陋室的寓意，以"德馨"统领全篇。第二层（"苔痕上阶绿"至"无案牍之劳形"）描写居室环境即日常生活。作者从周围景色入手，"苔痕上阶绿，草色入帘青"。描写环境宁静、雅致，令人赏心悦目。"淡笑有鸿儒，往来无白丁"是写室主人交往之雅。来来往往的都是饱学之士，没有平头百姓。这些人可以高谈阔论，纵情畅怀。"可以调素琴，阅金经。无丝竹之乱耳，无案牍之劳形。"闲下来在室中可以抚琴弄弦，展卷读经，修身养性。以上是作者从两方面对于一个道德品质高尚之士的生活总结。这种既像隐士，又存在尘世的生活方式，是道德高尚之士羡慕的，也是凡夫俗子们向往的。也让我们看到了作者高洁傲岸的节操和安贫乐道的情趣。第三层（"南阳诸葛庐，西蜀子云亭"），运用类比，指出此室可以与古代名贤的居室比美。作者借南阳诸葛亮的草庐，西蜀扬雄的旧居来对比自己的陋室，有引诸葛亮与扬雄为自己同道的意思，也表明了作者以这二人为自己的楷模，进一步表达了作者的高洁傲岸的志趣与抱负。第四层（最后一句），总结全文，说明陋室不陋。"何陋之有？"一句，语出《论语·子罕》，原话是"君子居之，何陋之有？"作者截取后一句引为证据，既作全文的总结，又回应上文。陋室不陋，关键在于"君子居之"，也即本文开头所说"惟吾德馨"。这个结语引经据典，显得警策有力。

本文写作上的突出特点是托物言志。首先，作者通过对居室的描绘，极力形容陋室的不陋，"斯是陋室，惟吾德馨"这一中心，实际上也就是借陋室之名行歌颂道德品质之实，表达了陋室主人高洁傲岸的节操和安贫乐道的情趣。其次，是巧妙地运用比兴手法，含蓄地表达主题。开头四句既是比，又是兴，言山水引出陋室，言仙、龙引出德馨，言名、灵暗喻陋室不陋。用南阳诸葛庐、西蜀子云亭类比陋室，表达了作者政治、文学的两大理想，最后，引孔子的话作结又暗含"君子居之"的深意。此外，大量运用了排比、对偶的修辞手法。排比句能造成一种磅礴的文势，如开头几句排比，使全篇文气畅通，确立了一种骈体文的格局。对偶句易形成内容的起伏跌宕，如中间的六句对偶，既有描写又有叙述，言简义丰，节奏感强。

　　常言道，安居乐业，其实居亦有别。有人住轩敞华屋，楼阁台榭，丹楹刻桷；也有人身居斗方之室，蓬门荜户，茅茨土阶。人生在世，若得前者，不免令人欣喜；若遇后者，又将如何自处？刘禹锡做出了最诗意的回答。他没有让一间小小陋室困住自己高贵的身心。这篇不足百字的室铭，含而不露地表现了作者安贫乐道、洁身自好的高雅志趣和不与世事沉浮的独立人格。它向人们揭示了这样一个道理：尽管居室简陋、物质匮乏，但只要居室主人品德高尚、生活充实，那就会满屋生香，处处可见雅趣逸志，自有一种超越物质的神奇精神力量。"穷且益坚，不坠青云之志。"刘禹锡的《陋室铭》刻在他家门口的青石板上，也刻在人类精神的石碑上，它时刻提醒着我们，无论前方的路有多少艰难险阻，我们都要以乐观向上的人生态度，努力去做一个人格上的高士，一个生活中的强者。

6 省试刑赏忠厚之至论（节选）

　　《书》曰："罪疑惟轻，功疑惟重。与其杀不辜，宁失不经。"呜呼，尽之矣。可以赏，可以无赏，赏之过乎仁；可以罚，可以无罚，罚之过乎义。过乎仁，不失为君子；过乎义，则流而入于忍人。故仁可过也，义不可过也。古者赏不以爵禄，刑不以刀锯。赏之以爵禄，是赏之道行于爵禄之所加，而不行于爵禄之所不加也。刑之以刀锯，是刑之威施于刀锯之所及，而不施于刀锯之所不及也。先王知天下之善不胜赏，而爵禄不足以劝也；知天下之恶不胜刑，而刀锯不足以裁也。是故疑则举而归之于仁，以君子长者之道待天下，使天下相率而归于君子长者之道。故曰：忠厚之至也。

知人论世

苏轼（1037—1101），眉州眉山（今四川眉山）人。字子瞻，又字和仲，号铁冠道人、东坡居士，世称苏东坡、苏仙，北宋著名文学家、书法家、美食家、画家，堪称北宋文学最高成就之代表。

嘉祐二年（1057），苏轼进士及第。宋神宗时在凤翔、杭州、密州、徐州、湖州等地任职。元丰三年（1080），因"乌台诗案"被贬为黄州团练副使。宋哲宗即位后任翰林学士、侍读学士、礼部尚书等职，并出知杭州、颍州、扬州、定州等地，晚年因新党执政被贬惠州、儋州。宋徽宗时获大赦北还，途中病逝。宋高宗时追赠太师；宋孝宗时追谥"文忠"。

苏轼是北宋中期文坛领袖，在诗、词、散文、书、画等方面取得了很高的成就。其文纵横恣肆，明白畅达，与欧阳修合称"欧苏"，为"唐宋八大家"之一；其诗清新豪健，善用夸张比喻，在艺术表现方面独具风格。少数诗篇也能反映民间疾苦，指责统治者的奢侈骄纵。他与黄庭坚并称"苏黄"；词开豪放一派，对后代很有影响，与辛弃疾并称"苏辛"；苏轼善书，与蔡襄、黄庭坚、米芾并称"宋四家"；能画竹，学文同，也喜作枯木怪石。论画主张"神似"，认为"论画以形似，见与儿童邻。"；具有"诗中有画，画中有诗"的艺术造诣。存世书迹有《赤壁赋》《黄州寒食诗帖》和《祭黄几道文》等。其画迹作品有《古木怪石图》《潇湘竹石图》等。诗文有《东坡全集》等，词有《东坡乐府》。

阅读鉴赏

译文：

《尚书》说："罪行轻重有可疑时，宁可从轻处置；功劳大小有疑处，宁可从重奖赏。与其错杀无辜的人，宁可犯执法失误的过失。"唉！这句话完全表现出忠厚之意。可以赏也可以不赏时，赏就过于仁慈了；可以罚也可以不罚时，罚就超出义法了。过于仁慈，还不失为一个君子；超出义法，就流为残忍了。所以，仁慈可以超过，义法是不可超过的。古人奖赏不用爵位和俸禄，刑罚不用刀锯。用爵位、俸禄行赏，只对能得到爵位、俸禄的人起作用，不能影响不能得到爵位和俸禄的人。用刀锯作刑具，只对受这种刑的人起作用，对不受这种刑的人不起作用。古代君主知道天下的善行是赏不完的，不能都用爵位俸禄来奖赏；也知道天下的罪恶是罚不完的，不能都用刀锯来制裁。所以当赏罚有疑问时，就以仁爱之心对待。用君子长者的宽厚仁慈对待天下人，使天下人都相继回到君子长者的忠厚仁爱之道上来，所以说这就是赏罚忠厚到了极点啊！

策论是古代的一种文体，是议论当前政治问题、向朝廷献策的文章。宋代以来各朝常用作科举试士的项目之一，大多要求考生就一些问题展开论述，即论证某项国家政策或对策的可行性与合理性，侧重于考查考生解决问题的能力。

《省试刑赏忠厚之至论》就是宋嘉祐二年礼部进士考试策论的题目，出自《尚书·大禹谟》孔安国的注文："刑疑付轻，赏疑从众，忠厚之至。"二十二岁的苏轼应试，一鸣惊人。当时的主考官是文坛领袖欧阳修，小试官是诗坛宿将梅尧臣。这两人正锐意诗文革新，苏轼那清新洒脱的文风，一下子把他们震动了，却因欧阳修误认为是自己的弟子曾巩所作，为了避嫌，使他只得了第二名。苏轼在文中写道："皋陶为士，将杀人。皋陶曰杀之三，尧曰宥之三。"欧、梅二公叹赏其文，却不知这几句话的出处。及苏轼谒谢，即以此问轼，苏轼答道："何必知道出处！"欧阳修听后，不禁对苏轼的豪迈、敢于创新极为欣赏，而且预见了苏轼的将来："此人可谓善读书，善用书，他日文章必独步天下。"

苏轼的这篇策论以忠厚立论，援引古仁者施行刑赏以忠厚为本的范例，论法的精神，把法的两个方面，宽容与界限，"仁可过，义不可过"说得透彻，阐发了儒家的仁政思想。虽然此文立论不过是儒家的施仁政、行王道，推崇尧舜周孔，属于当时的滥调。但是作者在扣紧题目布局谋篇，引用圣经贤传与论据紧密结合等方面的技巧是极高的。文章说理通透，结构严谨，文辞简练而平易晓畅。难怪欧阳修大加赞赏，认为此文脱尽五代宋初以来的浮靡艰涩之风，说："读轼书不觉汗出，快哉！老夫当避此人，放出一头地。"

节选部分围绕《尚书》的警句"罪疑惟轻，功疑惟重。与其杀不辜，宁失不经"加以论断，复以咏叹出之，不仅使主旨更加突出，而且与开头遥相呼应，使人有浑然一体的感觉。行文至此，主旨似乎已经完全阐明了，但是，作者并没有就此结束，反而蓄足气势，横生波澜。关于可赏可不赏，可罚可不罚的提示，这自然是上承"疑"字而来，但它并不是前者的重复。"疑"是有问题，而此则在认识上已经基本明确，其概念和前者又不完全相同。而在这个范围内的过赏过罚问题，苏轼认为"过乎仁，不失为君子；过乎义，则流而入于忍人"，通过这一层挖掘，既深化了主旨，又体现了作者对事物剖细入微的能力。而其断语"仁可过也，义不可过也"，则又表现了极大的概括力，显得斩钉截铁，十分精悍有力。赏和罚的范畴剖析明白之后，接着又进一步探讨赏和罚（刑）的方式，遂归结到"忠厚之至也"这个主旨上来。

方圆相宜 行稳致远

思考寄语

虽然苏轼作《省试刑赏忠厚之至论》一文时，年龄只有二十二岁，但却不影响他对世事的洞彻。该文全篇论述了刑赏应遵循古君子长者之道，秉承忠厚的原则。谈的虽是治国理政之方，其实，也可看作为人处世之道，做人做事不可刻薄寡情，应常怀仁厚慈爱之心。当代著名法学家郭道晖在《法理学精义》中，论及情理与法学思维时，就引用了苏轼在《省试刑赏忠厚之至论》中的思想：凡事之可以赏可以不赏者，赏之；可以罚可以不罚者，不罚，此忠厚也；凡事之可以赏可以无赏者，不赏，可以罚可以不罚者，罚之，此刻薄也。刻薄成家，理无久享。

7 就任北京大学校长之演说

诵读主体

五年前，严几道先生为本校校长时，余方服务教育部，开学日曾有所贡献于学校。诸君多自预科毕业而来，想必闻知。士别三日，刮目相见，况时阅数载，诸君较昔当为长足之进步矣。予今长斯校，请以三事为诸君告：

一曰抱定宗旨。诸君来此求学，必有一定宗旨，欲求宗旨之正大与否，必先知大学之性质。今人肄业专门学校，学成任事，此固势所必然。而在大学则不然，大学者，研究高深学问者也。外人每指摘本校之腐败，以求学于此者，皆有做官发财思想，故毕业预科者，多入法科，入文科者甚少，入理科者尤少，盖以法科为干禄之终南捷径也。因做官心热，对于教员，则不问其学问之浅深，惟问其官阶之大小。官阶大者，特别欢迎，盖为将来毕业有人提携也。现在我国精于政法者，多入政界，专任教授者甚少，故聘请教员，不得不聘请兼职之人，亦属不得已之举。究之外人指摘之当否，姑不具论，然诋谤莫如自修，人讥我腐败，问心无愧，于我何惧？果欲达其做官发财之目的，则北京不少专门学校，入法科者尽可肄业于法律学堂，入商科者亦可投考商业学校，又何必来此大学？所以诸君须抱定宗旨，为求学而来，入法科者，非为做官；入商科者，非为致富。宗旨既定，自趋正轨，诸君肄业于此，或三年，或四年，时间不为不多，苟能爱惜分阴，孜孜求学，则求造诣，容有底止。若徒志在做官发财，宗旨既乖，趋向自异。平时则放荡冶游，考试则熟读讲义，不问学问之有无，惟争分数之多寡；试验既终，书籍束之高阁，毫不过问，敷衍三、四年，潦草塞责，文凭到手，即可借此活动于社会，岂非与求学初衷大相背驰乎？光阴虚度，学问毫无，是自误也。且辛亥之役，吾人之所以革命，因清廷官吏之腐败。即在今日，吾人对于当轴多不满意，亦以其道德沦丧。今诸君苟不于此时植其基，勤其学，则将来万一因生计所迫，出而仕事，担任讲席，则必贻误学生；置身政界，则必贻误国家。是误人也。误己误人，又岂本心所愿乎？故宗旨不可以不正大。此余所希望于诸君者一也。

二曰砥砺德行。方今风俗日偷，道德沦丧，北京社会，尤为恶劣，败德毁行之事，触目皆是，非根基深固，鲜不为流俗所染。诸君肄业大学，当能束身自爱。然国家之兴替，视风俗之厚薄。流俗如此，前途何堪设想。故必有卓绝之士，以身作则，力矫颓俗，诸君为大学学生，地位甚高，肩此重任，责无旁贷，故诸君不惟思所以感己，更必有以励人。苟德之不修，学之不讲，同乎流俗，合乎污世，已且为人轻侮，更何足以感人。然诸君终日伏首案前，芸芸攻苦，毫无娱乐之事，必感身体上之苦痛。为诸君计，莫如以正当之娱乐，易不正当之娱乐，庶几道德无亏，而于身体有益。诸君入分科时，曾填写愿书，遵守本校规则，苟中道而违之，岂非与原始之意相反乎？故品行不可以不谨严。此余所希望于诸君者二也。

三曰敬爱师友。教员之教授，职员之任务，皆以图诸君求学便利，诸君能无动于衷乎？自应以诚相待，敬礼有加。至于同学共处一室，尤应互相亲爱，庶可收切磋之效。不惟开诚布公，更宜道义相劝，盖同处此校，毁誉共之。同学中苟道德有亏，行有不正，为社会所訾詈，已虽规行矩步，亦莫能辨，此所以必互相劝勉也。余在德国，每至店肆购买物品，店主殷勤款待，付价接物，互相称谢，此虽小节，然亦交际所必需，常人如此，况堂堂大学生乎？对于师友之敬爱，此余所希望于诸君者三也。

余到校视事仅数日，校事多未详悉，兹所计划者二事：一曰改良讲义。诸君既研究高深学问，自与中学、高等不同，不惟恃教员讲授，尤赖一己潜修。以后所印讲义，只列纲要，细微末节，以及精旨奥义，或讲师口授，或自行参考，以期学有心得，能裨实用。二日添购书籍。本校图书馆书籍虽多，新出者甚少，苟不广为购办，必不足供学生之参考。刻拟筹集款项，多购新书，将来典籍满架，自可旁稽博采，无虞缺乏矣。今日所与诸君陈说者只此，以后会晤日长，随时再为商榷可也。

知人论世

蔡元培（1868—1940），字鹤卿，又字仲申、民友、孑民，乳名阿培，并曾化名蔡振、周子余，汉族，浙江绍兴府山阴县（今浙江绍兴）人，祖籍浙江诸暨。近代中国著名教育家、革命家、政治家。1917年至1927年任北京大学校长，革新北大，开"学术"与"自由"之风；1920年至1930年，蔡元培同时兼任中法大学校长，主持制定了中国近代高等教育的第一个法令——《大学令》。

阅读鉴赏

《就任北京大学校长之演说》是蔡元培先生在1917年1月就任北京大学校长，主持开学典礼时发表的演说。

蔡元培以与北京大学的渊源开篇，拉近与学生的距离，消除学生在心理上对新校长的芥蒂。之后，对青年学子提出了三点要求：一是抱定宗旨，二是砥砺德行，三是敬爱师友。这些要求使蔡元培对青年学生的前途和命运寄予了深切厚望，在学业上，要抱定研究学问的宗旨，孜孜求学、耐住寂寞、守住清贫、淡泊名利；在品行上，要砥砺德行，以天下为己任，以身作则，担当起匡正流俗的职责，为天下人做道德的楷模；在修养上，要尊敬师长，团结友爱，共同进步，为促进良好的社会风气的形成做出表率。这几点要求绝非泛泛而谈，而是怀着改良社会、改造教育的满腔热情，矛头直指当时的社会风气和北京大学的沉疴，可以说每一点都极具针对性，有着匡正时弊的重要意义。最后，蔡元培阐述了就任后将要做的两件事情：改良讲义、添购书籍，这实际上是做好学问和改良校风的具体措施。

这篇演讲词在结构上思路非常清晰，简短的开场白引出话题，正文展开话题，结尾总结话题，层次分明，脉络清楚，给人一气呵成之感；在语言上，演讲词用浅易的文言文写成，在简洁凝练中透出文言文特有的古朴典雅，意味深长而又明快易懂。

蔡元培的演说开创了北大改革的新纪元，唤醒了北大学子的心智。到1919年，北大已成为全国进步青年仰慕的学府，在五四爱国运动和新文化运动中发挥了重要的作用。蔡元培的寄语，在今天看来，仍有现实意义。希望同学们用脚步沉淀岁月，用辛勤和汗水浇灌理想；用信念充实心智，用奋斗和坚守坚定信仰；用孝心敬爱师长，用关心和真诚尊敬兄长；用诚挚播种友谊，用真诚和热情陪伴成长；用智慧装饰实力，用争辩与反省提携修养；用肩膀挑起重担，用身体弯成民族的脊梁！

8 赤壁赋（节选）

诵读主体

苏子愀然，正襟危坐而问客曰："何为其然也？"客曰："'月明星稀，乌鹊南飞。'此非曹孟德之诗乎？西望夏口，东望武昌，山川相缪，郁乎苍苍，此非孟德之困于周郎者乎？方其破荆州，下江陵，顺流而东也，舳舻千里，旌旗蔽空，酾酒临江，横槊赋诗，固一世之雄也，而今安在哉？况吾与子渔樵于江渚之上，侣鱼虾而友麋鹿，驾一叶之扁舟，举匏樽以相属。寄蜉蝣于天地，渺沧海之一粟。哀吾生之须臾，羡长江之无穷。挟飞仙以遨游，抱明月而长终。知不可乎骤得，托遗响于悲风。"

苏子曰："客亦知夫水与月乎？逝者如斯，而未尝往也；盈虚者如彼，而卒莫消长也。盖将自其变者而观之，则天地曾不能以一瞬；自其不变者而观之，则物与我皆无尽也，而又何羡乎！且夫天地之间，物各有主，苟非吾之所有，虽一毫而莫取。惟江上之清风，与山间之明月，耳得之而为声，目遇之而成色，取之无禁，用之不竭，是造物者之无尽藏也，而吾与子之所共适。"

客喜而笑，洗盏更酌。肴核既尽，杯盘狼籍。相与枕藉乎舟中，不知东方之既白。

　　苏轼（1037—1101），北宋文学家、书法家、美食家、画家、历史治水名人。字子瞻，号东坡居士，世称苏东坡，眉州眉山（今属四川省）人，祖籍河北栾城。苏轼才情奔放，是北宋中期文坛领袖，在诗、词、文、书、画等方面均有独到成就，为"唐宋八大家"之一。其诗题材广阔，清新豪健；其词自如旷达，开豪放一派；其文纵横恣肆，明白畅达。李志敏评价："苏轼是全才式的艺术巨匠。"

阅读鉴赏

　　本文节选自苏轼《赤壁赋》中的一段主客问答，真实而巧妙地记录了作者泛舟游览赤壁时的心理活动过程。

　　一方面，面对"清风明月交织，露珠水色辉映""秋水共长天一色"的月夜秋江美景，"苏子"被深深感染并陶醉着，一扫"乌台诗案"的阴霾，舒畅飘逸，超然物外的洒脱油然而生，月夜泛舟之乐，溢于言表。另一方面，有感"吾生须臾，长江无穷""托遗响于悲风"的悲怆，"客"乐极生悲，生发怀古伤今的悲哀之情，理想与现实冲突的苦闷，物我不能相契的惆怅，消散不去。然而，苏轼并没有沉溺于相反两极——欢乐与悲伤、希望与恐惧——的咀嚼和吟唱，而是主动置身于水月无穷、盈虚无损的大自然的怀抱中，适应当下的现实生活，从而使客先前的消极情绪消融在这种"物我两忘"的至乐之境中，故而"客喜而笑，洗盏更酌"。

　　这种主客问答的结构形式，源起《庄子》。主客观点看似两两对立，实则并行不悖，通过借口代言，构建独特的语境以辨析两种对立思想，反省对立关系的真实性，从而理解二者内在的相通性。这种形式，能最大限度地活跃创作主体的艺术思维，拓展其创作的空间和自由度，增强内容的丰富性和多样性，展现思想的冲突与激荡。因此，"苏子"与"客"看似两人，实为"主客一体"，主客问答的结构形式，淋漓尽致地传达了苏轼旷达乐观、豪迈洒脱的气度，使文章充满了无穷的艺术魅力。

天下熙熙，皆为利来；天下攘攘，皆为利往。古往今来，追名逐利者，常叹人生短暂、风雨未定，超越不了"本我"的精神范畴，更有甚者，被名利二字束缚，陷入欲望的沼泽，落下悲惨的结局，归根结底是摆脱不了名利的羁绊。"事如芳草春长在，人似浮云影不留"，人生在世，不能被名利束缚，应当莫言名与利，摆脱名利的困扰，追求"超我"的精神境界，豁达的人生应该沉心静气，胸怀广大，淡泊名利，方能行稳致远。

9 王国维人生三境界

诵读主体

古今之成大事业、大学问者，必经过三种之境界："昨夜西风凋碧树。独上高楼，望尽天涯路。"此第一境也。"衣带渐宽终不悔，为伊消得人憔悴。"此第二境也。"众里寻他千百度。蓦然回首，那人却在，灯火阑珊处。"此第三境也。此等语皆非大词人不能道。然遽以此意解释诸词，恐为晏、欧诸公所不许也。

知人论世

王国维（1877—1927），初名国桢，字静安，亦字伯隅，初号礼堂，晚号观堂，又号永观，谥忠悫。浙江省海宁州（今浙江省嘉兴市海宁）人。王国维是中国近、现代相交时期一位享有国际声誉的著名学者。他把西方哲学、美学思想与中国古典哲学、美学相融合，形成了独特的美学思想体系，被郭沫若称为"新史学的开山"。他在教育、哲学、文学、戏曲、美学、史学、古文学等方面均有很深的造诣和创新，为中华民族文化宝库留下了广博精深的学术遗产。

　　王国维在其《人间词话》中，借宋朝三位词人的词作，表达自己对古往今来成就大事业、大学问者需要经历的三种境界的理解，是其治学经验之谈。

　　第一境是确立志向和目标。诗句出自北宋晏殊的《蝶恋花·槛菊愁烟兰泣露》，原意是说：昨夜西风惨烈，凋零了绿树，我独自登上高楼，望尽那消失在天涯的道路。王国维在此句中解成，做学问成大事业者，首先要有执着的追求，登高望远，瞰察路径，明确目标与方向，了解事物的概貌。

　　第二境是努力探索和追求。诗句出自北宋柳永的《蝶恋花·伫倚危楼风细细》，原意是说：我日渐消瘦，衣带宽松也不后悔，为她形销骨立，满目憔悴。王国维别具匠心把这两句来比喻成大事业、大学问者，不是轻而易举，随便可得的，必须坚定不移，经过一番辛勤劳动，废寝忘食，孜孜以求，直至人瘦带宽也不后悔。

　　第三境是实现理想与愿望。诗句出自南宋辛弃疾的《青玉案·元夕》，原意是说：我在众人中千百次地寻觅她的身影，无意中回过头来，原来她正在那灯火阑珊之处。王国维以此四句为"境界"之最终境界。意为，做学问、成大事业者，要达到第三境界，必须有专注的精神，反复追寻、研究，下足功夫，才会豁然贯通，有所发现，有所发明，才能够从必然王国进入自由王国。

　　在《文学小言》一文中，王国维又把这三境界说成"三种之阶级"，并说："未有不阅第一第二阶级而能遽跻第三阶级者，文学亦然，此有文学上之天才者，所以又需莫大之修养也。"

　　丰子恺认为"物质、精神、灵魂"是人生三层境界；也有人说人生三境界不外乎是"为自己、为家庭、为社会"；也有人说"为知、为己、为人"；有人认为是"理想、事业、爱情"；还有人形象地比喻为："看山是山，看水是水；看山不是山，看水不是水；看山还是山，看水还是水。"等，林林总总，琳琅满目。掩卷思之，漫漫的人生历程，犹如方圆之道，复杂而多变，仁者见仁，智者见智，亦可达到圆融的理想人生境界。

10 谁更有力量

诵读主体

　　有一天，寒风和太阳发生了一次争吵，他们在争论谁的本领大，各人都夸自己的本领强。寒风说："我最厉害，人们都怕我！"太阳也不示弱："大地万物都离不开我温暖的阳光。"他们你一言，我一语，谁也不服输。寒风忽然看见一个扛着大包的老人在赶路，便提议谁能让老人把身上的大衣脱掉，谁就算赢了。太阳愉快地答应了。

　　太阳让寒风先试一试他的本领，自己躲在云里看。寒风呼呼地吹了一阵，差点儿把老人的大衣吹掉，可他刮得越厉害，老人就把大衣裹得越紧。后来，寒风累了，没力气再吹了。这时，太阳从云的背后走出来，将温暖的阳光洒在老人身上，没多久，老人就开始擦汗了，并把外套脱了下来。

　　于是，太阳笑着对寒风说："其实，友善所释放的温暖比强硬更有力量。"

知人论世

　　伊索（约前620—前560），古希腊著名的哲学家、文学家，与克雷洛夫、拉·封丹和莱辛并称世界四大寓言家。他可能曾是埃塞俄比亚人，后做过萨摩斯岛雅德蒙家的奴隶，并被转卖多次，但因知识渊博，聪颖过人，最后获得自由。伊索环游世界，为人们讲述他的极富哲理的寓言故事。他创作的寓言深受古希腊人民的喜爱。公元前5世纪末，"伊索"这个名字已经为古希腊人民所熟知了，当时的古希腊寓言都归在他的名下。

　　《伊索寓言》原名为《埃索波斯故事集成》，相传是古希腊寓言作家伊索所作。但从成书的实际情况来看，这部作品的作者不应该只有一人，它应该是古代希腊人在相当长的历史时期内集体创作的结晶。随着时间的推移，书的内容更加丰富，又加入印度、阿拉伯及基督教故事，也就形成了现在的三百五十多篇。所以，严格地说，这部作品应该是古代寓言的汇编。

阅读鉴赏

　　这则寓言告诉我们，用不同的态度来对待同一件事，结果也许就会迥然不同。太阳能比寒风更快地让老人脱下外套，说明温和友善比激烈狂暴更有力量，这是一味地咆哮和猛烈攻击等强硬行为所望尘莫及的。很多时候，不是所有的压力都能转化为成果，逼迫与暴力是无法令人心服口服的，反而温暖、尊重、宽容、友善往往更能让人心生欢喜、心悦诚服。同样，世界上最强大的不是坚船利炮，而是一颗友善的心，坚船利炮消融不了仇恨的坚冰，而友善的心灵萌生的怜悯和同情，会使敌意渐渐消释。所以，当你试图打开对方的心扉时，友善是最快、最有效的方式。

思考寄语

　　在现实生活中，父母和同学们，予以着我们亲情的温馨与友善的温暖，但我们却常常把友善与温情冰封在无言与冷漠的坚冰之下。其实，友善不需要伪装，它就存在于我们的生活之中，只要你付出真心，那么必定会收获友善，使你从中感受到温馨。正如手中的一杯茶，今天你用它温暖了别人，将来，对方也一定会将一杯热茶送到你的手中。

11 鸡黍之交

诵读主体

　　范式，字巨卿，山阳金乡人也，一名氾。少游太学，为诸生，与汝南张劭为友。劭字元伯。二人并告归乡里。式谓元伯曰："后二年当还，将过拜尊亲，见孺子焉。"乃共克期日。后期方至，元伯具以白母，请设馔以候之。母曰："二年之别，千里结言，尔何相信之审邪？"对曰："巨卿信士，必不乖违。"母曰："若然，当为尔酝酒。"至其日，巨卿果到，升堂拜饮，尽欢而别。

知人论世

　　范晔（398—445），字蔚宗，顺阳郡顺阳县（今河南省淅川县李官桥镇）人。南朝宋时期著名史学家、文学家、官员。

　　范晔出身于士族家庭，自幼酷爱读书，幼年即博览家中藏书，善文，能作隶书，并通晓音律。17岁时，州郡征召其为主簿（掌管文书的佐史），被范晔拒绝；22岁时，他应召入仕，出任冠军将军刘义康长史，迁秘书丞、新蔡太守；35岁时，因得罪了刘义康，被贬为宣城太守，开始撰写《后汉书》，加号宁朔将军。43岁时，投靠始兴王刘浚，历任徐州长史、南下邳太守、左卫将军、太子詹事。元嘉二十二年（445），拥戴彭城王刘义康即位，事败被杀，时年48岁。

　　他一生才华横溢，史学成就突出。著作《后汉书》，博采众书，结构严谨、属词丽密，与《史记》《汉书》《三国志》并称"前四史"。

阅读鉴赏

译文：

　　范式，字巨卿，山阳郡金乡县（今山东省济宁市金乡县）人，别名氾。范式年轻的时候在太学游学，成为儒生，和汝南郡人张劭（字元伯）是好朋友。后来两人一起告假回乡，范式对元伯说："两年后我要回京城，我会去拜见您的父母，看看您的孩子。"然后就共同约定了日期。后来约定的日期快到了，元伯把事情全都告诉了母亲，让她布置好酒食恭候范式。母亲说："都分别两年了，千里之外约定的事情，你怎么就这么相信他呢？"元伯回答说："巨卿是讲信用的人，一定不会违背诺言。"母亲说："如果真是这样就该为你们酿酒。"到了那天，巨卿果然来了，二人升堂互拜对饮，喝得十分畅快后才相互告别。

此为古人在两千多年前就推崇"友谊深长、诚信守约"之典范，而他们的友情被后世称为鸡黍之交，与管鲍之交、知音之交、刎颈之交、舍命之交、胶漆之交、忘年之交和生死之交合称"八拜之交"。

思考寄语

《庄子》有云："且君子之交淡若水，小人之交甘若醴；君子淡以亲，小人甘以绝。"真正的友情，讲究志同道合、品行端正，像水一样清澈、纯洁，不含任何功利之心。交友切不可以利相交，否则看似如美酒一样的甘甜情义，一旦满足不了功利的需求，就很容易断绝。

12 一把照亮前程的椅子

诵读主体

一个夏日的午后，因为突然来了场瓢泼暴雨，路上的行人纷纷跑到附近的店铺避雨。一位老太太也蹒跚地走进美国费城百货公司避雨。看着她被雨水淋透的狼狈样子以及简朴的穿着，所有的女售货员都对她不理不睬，老太太孤独无助地站在商店一个不引人注意的角落里，模样很是可怜。

这时，一个年轻的男售货员走过来，热情地对老太太说："夫人，请问，我可以为您做点什么吗？"老太太很慈祥地笑着说："不用了，我在这儿躲会儿雨，过一会，雨小点了，我就走。"老太太心里非常忐忑不安；不买人家百货公司的东西，却借用人家的地方躲避大雨，好像不太合适。于是，她开始在百货公司里转悠起来，她想买点东西，也算给自己的躲雨找个心安理得的理由。

正当她在琢磨到底买点什么东西而犹豫徘徊时，那个年轻男售货员利索地搬来了一把椅子，对老太太说："夫人，我给您搬了一把椅子，您坐着休息一会吧。"老太太坐了下来，心里暖暖的。

过了好一会，雨过天晴，老太太向这个年轻的男售货员道谢辞别，并特意向他要了张名片，然后她就走出了商店，消失在大街上的茫茫人海中了。

几个月后，费城百货公司的总经理詹姆斯收到一份装潢材料订单和一封信，信中要求将这位名叫菲利的年轻人派往苏格兰，负责装潢一座城堡的业务。信中还另外告知，以后让菲利负责几个家族公司下一季度办公用品的采购。詹姆斯惊喜不已，他大致算了一下，菲利给百货公司带来的收益，就相当于公司两年的利润总和！

詹姆斯在迅速与写信人取得联系后，他才知道，这封信是一位老太太写的，而这位老太太正是美国亿万富翁"钢铁大王"卡耐基的母亲——就是几个月前曾在费城百货公司避雨的那位老太太。

詹姆斯很快把这位叫菲利的年轻人推荐到公司董事会。自然而然，当菲利打起行装飞往苏格兰时，他因为有个固定的大客户而成为这家百货公司的合伙人。那年，菲利年仅22岁。

不久，菲利应邀加盟到卡耐基的大集团公司。接下来的几年中，菲利以他一贯的热情和忠诚，成为"钢铁大王"卡耐基事业上的得力助手，在卡耐基的提携下，菲利在事业上扶摇直上、飞黄腾达，成为美国钢铁行业仅次于卡耐基的重量级人物。

而这一切，仅仅是因为善良的菲利给卡耐基的母亲搬了把椅子，这把椅子温暖了老太太的心，从而也"照亮"了菲利的前程。

生活中，当我们以一颗爱心去待人接物，去面对生活和工作，在你的爱心面前，所有人都会变得亲切，于是，你的天地就会变得非常广阔，你的事业也会获得意想不到的成功。

知人论世

本文选自《阅读与鉴赏》2010年12期。

菲利，美国"钢铁大王"卡耐基的得力助手。安德鲁·卡耐基（1835—1919），出生于苏格兰，被世人誉为"钢铁大王"，被世人誉为"美国慈善事业之父"。在美国工业史上，卡耐基占据着浓墨重彩的一页，他用钢铁征服了世界，

方圆相宜 行稳致远

一度成为美国首富，后来又几乎将全部财产捐给社会。所以在美国人心目中，他不仅是一个创业英雄，也是一个有着社会责任感的企业家，为后来美国的大企业家们树立了一个良好典范。

阅读鉴赏

有道是"无心插柳柳成荫"，一把小小的椅子，一个温暖的举动，改变了菲利的命运。不过，这也是一个人品德好坏的辨认，"有心为善不是善，无心为善是上善"，机会总在不经意间考量人的善良。

以人为本，尊重他人，为他人着想，其实也是在给自己创造机会。生活中，当我们以一颗爱心去待人接物，去面对生活和工作，在你的爱心面前，所有人都会变得亲切。于是，天地就会变得非常广阔，事业也会获得意想不到的成功。在当今社会的重压之下，许多公司的员工都缺少一种好的心态来工作，他们总是会有些埋怨和不满。他们拥有渊博的知识，受过专业的训练，拿着一份不菲的薪水，却平淡无奇，默默无闻。

我们应该从容热情地面对自己的工作，把自己的每一件事情都做好。如果没有做好"小事"的态度和能力，要想做好"大事"只会成为"无本之木，无源之水"，根本成不了气候。可以这样说，平时的每一件"小事"其实就是一栋楼房的地基，如果没有这些材料，想象中美丽的楼房只会是"空中楼阁"，根本无法变成"实物"。

精诚所至，金石为开。如果坚持做好简单的、寻常的、平凡的事情，那么就连一把椅子，也可能创造出一个改变命运的奇迹。

思考寄语

舍得，舍得，有舍才有得。看似简单的一句话，却蕴含着人生处世的道理，方圆之道的智慧。"得失寸心知"，真正豁达的人，懂得超脱；真情的人，懂得奉献；幸福的人，懂得放下；智慧的人，懂得取舍。人生，在寻找得的同时，总要付出些代价，如果能正确地认识得与失，人就会在得到的同时，懂得必然的失落；也会在失落的同时，懂得如何从失落中找回自我。

13 橘 颂

诵读主体

后皇嘉树，橘徕①服兮。受命不迁，生南国兮。
深固难徙，更壹志兮。绿叶素荣，纷其可喜兮。
曾枝剡②棘，圆果抟③兮。青黄杂糅，文章烂④兮。
精色内白，类任道兮。纷缊宜脩，姱而不丑兮。
嗟尔幼志，有以异兮。独立不迁，岂不可喜兮。
深固难徙，廓其无求兮。苏世独立，横而不流兮。
闭心自慎，终不失过兮。秉德无私，参天地兮。
愿岁并谢，与长友兮。淑离⑤不淫，梗其有理兮。
年岁虽少，可师长兮。行比伯夷，置以为像⑥兮。

注释：

① 徕：通"来"。

② 剡（yǎn）：尖利。

③ 抟：通"团"。

④ 文章：花纹色彩；烂：斑斓、明亮。

⑤ 离：通"丽"。

⑥ 置：植；像：榜样。

知人论世

屈原（约前340—前278），芈姓，屈氏，名平，字原，出生于楚国丹阳秭归（今湖北宜昌），战国时期楚国诗人、政治家。

楚武王熊通之子屈瑕的后代。少年时受过良好的教育，博闻强识，志向远大。早年受楚怀王信任，任左徒、三闾大夫，兼管内政外交大事。提倡"美政"，主张对内举贤任能，修明法度，对外力主联齐抗秦。因遭贵族排挤诽谤，被先后流放至汉北和沅湘流域。楚国郢都被秦军攻破后，自沉于汨罗江，以身殉楚国。

屈原是中国历史上一位伟大的爱国诗人，中国浪漫主义文学的奠基人，"楚辞"的创立者和代表作家，开辟了"香草美人"的传统，被誉为"楚辞之祖"。其著名的篇章《离骚》与《诗经》中的《国风》并称为"风骚"，对后世诗歌产生了深远影响。其"路漫漫其修远兮，吾将上下而求索"的"求索"精神，也成为后世仁人志士所信奉和追求的一种高尚精神。

阅读鉴赏

"颂"是一种诗体，取义于《诗经》"风、雅、颂"之"颂"，这里有赞颂之意。《橘颂》堪称中国诗歌史上的第一首咏物诗，前半部分咏物，以描写为主，后半部分以抒情为主。

南国多橘，楚地更是橘树的故乡。楚地江陵以产橘而闻名，在《汉书》记有"江陵千树橘"。《晏子春秋》所记"橘生淮南则为橘，生于淮北则为枳"则说明了橘树的习性：只有生长于南土，才能结出甘美的果实，倘要将它迁徙北地，就只能得到又苦又涩的枳实了。所以，屈原巧妙地抓住橘树这一生态习性，运用类比联想，将它与人的精神、品格联系起来，通过赞颂橘树光彩斑斓的外表、坚定不移和纯洁无私的高尚品德，表达了诗人扎根故土、忠贞不渝的爱国情感和特立独行、怀德自守的人生理想。从此以后，南国之橘便蕴含了仁人志士"独立不迁"、热爱祖国的丰富文化内涵。

屈原借物抒志，以物写人，既沟通物我，又融汇古今，以橘树勉励后辈，渗透着深深的爱国情感。吟诵时要把这种高洁文意表现出来，从容旷达而又充满爱意。

思考寄语

南橘的文化内涵，至今仍有着非常深刻的现实意义。它启示青年一代，要坚定美好的理想，树立远大的志向；热爱故乡、热爱国家；坚守纯洁的心灵，养成良好性情，谦虚谨慎、洁身自好、性情耿直，做到表里如一；要能经受住不同环境的考验，努力学习文化与技能，像橘树一样叶繁花茂，茁壮成长，成为国家有用之人才，担负顶天立地之大任。

14 学做一个人（节选）

我希望诸君至少要做一个人；至多也只做一个人，一个整个的人。做一个整个的人，有三种要素：

（一）要有健康的身体——身体好，我们可以在物质的环境里站个稳固。诸君，要做一个八十岁的青年，可以担负很重的责任，别做一个十八岁的老翁。

（二）要有独立的思想——要能虚心，要思想透彻，有判断是非的能力。

（三）要有独立的职业——要有独立的职业，为的是要生利。生利的人，自然可以得到社会的报酬。

我觉得中学生有一个大问题，就是"择业问题"。我以为择业时要根据个人的才干和兴趣。做事要有快乐，所以我们要根据个人的兴趣来择业。但是我们若要做事成功，我们必要有那样的才干。

我曾作了一首白话诗，说人要有独立的职业：

滴自己的汗；吃自己的饭。

自己的事，自己干。

靠人，靠天，靠祖先，都不算好汉。

现在我们专讲"学"和"做"两个字，要一面学，一面做。"学"和"做"要连起来。英语Learn by doing，也就是这个意思。我们要应用学理来指导生活，同时再以生活来印证学理。

将来诸君有的升学，有的就业，但是为学的方法全要研究。学农的人要有科学的脑筋和农夫的手；学工的人，也要有科学的脑筋和工人的手。这样他才可以学得好。

我希望到会的个人，是四万万人中的一个人。诸君还要时常想：

中国有几个整个的人？

我是不是一个整个的人？

方圆相宜 行稳致远

陶行知（1891—1946），安徽省歙县人，中国人民教育家、思想家，伟大的民主主义战士，爱国者，中国人民救国会和中国民主同盟的主要领导人之一。

1908年十七岁时，他考入了杭州广济医学堂。1915年入读美国哥伦比亚大学，师从约翰·杜威，攻读教育学博士。1917年秋回国，先后任南京高等师范学校、国立东南大学教授、教务主任等职。1926年起发表了《中华教育改进社改造全国乡村教育宣言》。1929年圣约翰大学授予他荣誉科学博士学位，表彰他为中国教育改造事业做出的贡献。1931年主编《儿童科学丛书》，在上海先后创办"山海工学团""报童工学团""晨更工学团""流浪儿工学团"等。1933年，他与厉麟似、杨亮功等来自政学两界的知名人士在上海发起成立中国教育学会。1935年，在中国共产党"八一宣言"的感召下积极投身抗日救亡运动。1945年当选中国民主同盟中央常委兼教育委员会主任委员。

1946年7月25日上午，陶行知因长期劳累过度，不幸于上海逝世，享年55岁。陶行知先生毕生致力于教育事业，他不仅创立了完整的教育理论体系，而且进行了大量教育实践，对我国教育的现代化做出了开创性的贡献。

陶行知曾被宋庆龄称为"万世师表"，这篇在1925年于南开学校的演讲词，集中阐释了他在教育事业上独到的见解，特别是"社会即教育"，"生活即教育"和"知行合一"的主张。

如何成为一个"整个的人"？作者认为有三种要素：健康的身体、独立的思想、独立的职业。三者有着紧密的联系。身体是从事一切事业的基础，是保障，是在现实社会中完成一定工作、担负一定责任的必要前提。思想是"整个的人"的核心要素，在复杂多变的生活中不随波逐流，不人云亦云，能坚持自己的理想并为之奋斗，是其真正成为"整个的人"的标志。职业是实现自己理想的途径，是做"整个的人"的必备载体。有了独立的职业，才有生存、生活的资本，才能为社会创造价值。而且，职业是事业的基础，当我们从事的职业不只是我们谋生的手段，而能给我们带来精神上的满足时，职业就会成为我们为之奋斗的事业。陶行知曾提出"人生为一大事来，丈夫志在探新地""治学不求富，读书不求官"的择业观。他不仅践行自己对择业的理解，也将这种价值认知引渡到学生手上。所以，他对学生择业的阐述尤为详细。

做一个健康的人、有独立思想的人和个人追求的人，做一个整体的人，这就是作者想要表达的主题思想。

历史长河滚滚向前，时代号角催人奋进。新时代是追梦者的时代，也是广大青年成就梦想的时代，青年要与新时代同向同行，做坚定理想信念的笃行者，践行初心使命的奋斗者，聚力创业创新的实干者，肩负历史使命，坚定前进信心，努力担当民族复兴重任的时代新人。

15 投笔从戎

诵读主体

班超字仲升，扶风平陵人，徐令彪之少子也。为人有大志，不修细节。然内孝谨，居家常执勤苦，不耻劳辱。有口辩，而涉猎书传。

永平五年，兄固被召诣校书郎，超与母随至洛阳。家贫，常为官佣书以供养。久劳苦，尝辍业投笔叹曰："大丈夫无它志略，犹当效傅介子、张骞立功异域，以取封侯，安能久事笔砚间乎？"左右皆笑之。超曰："小子安知壮士志哉！"后超出使西域，竟立功封侯。

知人论世

班超（32—102），字仲升。扶风郡平陵县（今陕西省咸阳市）人。东汉时期著名军事家、外交家，史学家班彪的幼子，其长兄班固、妹妹班昭也是著名史学家。

班超为人有大志，不修细节，但内心孝敬恭谨，审察事理。他博览群书，不甘于为官府抄写文书，投笔从戎，随窦固出击北匈奴，又奉命出使西域，为西域的回归做出了巨大贡献。官至西域都护，封定远侯，世称"班定远"。

永元十二年（100），班超因年迈请求回朝。永元十四年（102），抵达洛阳，被拜为射声校尉。不久后便病逝，享年71岁，死后葬于洛阳邙山之上。

阅读鉴赏

班超出身于一个史学世家，其父班彪以治史闻名；其兄班固更是著名史学作品《汉书》的作者；其妹班昭也富有才华，在班固去世后为其续作《汉书》。班超为人有远大志向，不拘小节。但在家孝顺父母，常干辛苦的事，不以劳动为耻辱。能言善辩，粗览历史典籍。父亲死后，兄长班固应诏进京担任校书郎，班超就和母亲一起随往洛阳。由于班固薪俸低微，为了帮助兄长养家糊口，他只好为官府抄写文书。长期抄写后，曾掷笔长叹道："大丈夫即使没有别的志向，也应当效法傅介子（西汉外交家）、张骞，出使异域，建功封侯，怎么能天天做这些笔墨工作呢？"旁边的人都嘲笑他。班超说："小人物怎么能了解壮烈之士的志向呢！"

后来，汉明帝从班固那里问到了班超，遂任命他为兰台令史；不久，他又因事被免职。在40岁时那年，班超投笔从戎，随东汉征讨匈奴的大军远赴西域。班超以非凡的政治和军事才能，在西域的31年中，正确地执行了汉王朝"断匈奴右臂"的政策，自始至终立足于争取分化、瓦解和驱逐匈奴势力，因而战必胜，攻必取。收服了西域五十多个国家，不仅维护了东汉的安全，而且加强了与西域各属国的联系，为西域的回归做出了重要的贡献。

思考寄语

烈火之后，方见真金，一个人无论多么平凡和普通，都要有自己的理想和目标，与其羡慕别人的成功，不如认真评估自己，认准方向，为之努力，一点点靠近，有条件利用条件，没条件创造条件，总能创造性地开拓出一片新天地。

古语云："燕雀安知鸿鹄之志"，志向远大之人虽处众人之间，仍不会安于现状，不思进取。而是不断准备，当时机来临，自己的准备就会派上用场，奋力一搏，为平凡的生命增添绚烂的色彩。

16 放翁家训

　　后生才锐者，最易坏。若有之，父兄当以为忧，不可以为喜也。切须常加简束，令熟读经子，训以宽厚恭谨，勿令与浮薄者游处。自此十许年，志趣自成。不然，其可虑之事，盖非一端。吾此言，后生之药石也，各须谨之，毋贻后悔。

知人论世

　　陆游（1125—1210），字务观，号放翁，汉族，越州山阴（今浙江绍兴）人，尚书右丞陆佃之孙，南宋文学家、史学家、爱国诗人。

　　陆游生逢北宋灭亡之际，少年时即深受家庭爱国思想的熏陶。宋高宗时，参加礼部考试，因受宰臣秦桧排斥而仕途不畅。宋孝宗即位后，赐进士出身，历任福州宁德县主簿、敕令所删定官、隆兴府通判等职，因坚持抗金，屡遭主和派排斥。乾道七年（1171），应四川宣抚使王炎之邀，投身军旅，任职于南郑幕府。次年，幕府解散，陆游奉诏入蜀，与四川制置使范成大相知。宋光宗即位后，升为礼部郎中兼实录院检讨官，不久即因"嘲咏风月"罢官归居故里。嘉泰二年（1202），宋宁宗召陆游入京，主持编修孝宗、光宗《两朝实录》和《三朝史》，官至宝章阁待制。书成后，陆游长期蛰居山阴，嘉定二年（1210）与世长辞，留绝笔《示儿》。

　　陆游一生笔耕不辍，诗词文具有很高成就。其诗语言平易晓畅、章法整饬谨严，兼具李白的雄奇奔放与杜甫的沉郁悲凉，尤以饱含爱国热情对后世影响深远。词与散文成就亦高，宋人刘克庄谓其词"激昂慷慨者，稼轩不能过"。有手定《剑南诗稿》85卷，收诗9000余首。又有《渭南文集》50卷、《老学庵笔记》10卷及《南唐书》等。书法遒劲奔放，存世墨迹有《苦寒帖》等。

阅读鉴赏

译文：

天资聪颖的孩子，最容易学坏。如果有这样的情况，做长辈的应当把它看作忧虑的事，不能把它看作可喜的事。一定要经常加以约束和管教，让他们熟读儒家经典，训导他们做人必须宽容、厚道、恭敬、谨慎，不要让他们与轻浮浅薄之人来往。就这样十多年后，他们的志向和情趣会自然养成。不这样的话，那些可以担忧的事情就不会只有一个。我这些话，是给后人防止过错的良言规诫，都应该谨慎对待它，不要留下遗憾和愧疚。

作为江南世家，陆氏家族一直传承着优秀的家风，十分注重家教、家训，祖上就有家训《修心鉴》存世。陆游在先辈言传身教的基础上，经过多次修改写下了一部家训专著《放翁家训》。26则家训条文中，第一则写于陆游44岁时，最后一则写完并成稿已经80余岁，时间跨度之长也是极为罕见。不同于其他的家族家训，《放翁家训》中除26则家训条目外还包含近200首的教子诗词，仅"示儿诗"就有180多首，后人将之称为"诗化家训"。陆游的教子诗，与他的《放翁家训》一样，是其一生生活经验的总结，是一个负责任的家长，对子孙苦口婆心的嘱告。字里行间，既洋溢着这位伟大爱国诗人的拳拳报国之心，又饱含着一个慈祥的长辈对子孙们的浓浓亲情、深深爱意。

思考寄语

陆游作为一名爱国诗人，念念不忘守国、爱国、护国，时时不忘爱民、惜民、济民。家训告诉我们，孩子的品行要从娃娃抓起，有了好的道德操守，才是一个人格健全的人，才能真正服务社会。而教育孩子，不是简单让孩子们掌握多少书本知识，在考试中取得多少分数，学得多少技能，而是要让孩子先成人，后成才，让孩子们懂得宽容、厚道、恭敬、谨慎。

17 荀子·不苟（节选）

诵读主体

　　君子养心莫善于诚，致诚则无它事矣。唯仁之为守，唯义之为行。诚心守仁则形，形则神，神则能化矣；诚心行义则理，理则明，明则能变矣。变化代兴，谓之天德。天不言而人推高焉，地不言而人推厚焉，四时不言而百姓期焉。夫此有常，以至其诚者也。君子至德，嘿然而喻，未施而亲，不怒而威。夫此顺命，以慎其独者也。善之为道者，不诚则不独，不独则不形，不形则虽作于心，见于色，出于言，民犹若未从也，虽从必疑。天地为大矣，不诚则不能化万物；圣人为知矣，不诚则不能化万民；父子为亲矣，不诚则疏；君上为尊矣，不诚则卑。夫诚者，君子之所守也，而政事之本也。唯所居以其类至，操之则得之，舍之则失之。操而得之则轻，轻则独行，独行而不舍则济矣。济而材尽，长迁而不反其初，则化矣。

方圆相宜 行稳致远

知人论世

　　荀子（约前313—前238），名况，字卿（一说时人相尊而号为卿），战国末期赵国人，两汉时因避汉宣帝询名讳称"孙卿"，著名的思想家、哲学家、教育家，儒家学派的代表人物，先秦时代百家争鸣的集大成者。

　　荀子曾三次担任齐国稷下学宫的祭酒，两度出任楚兰陵令。晚年蛰居兰陵县著书立说，收徒授业，终老于斯，被称为"后圣"。荀子批判地接受并创造性地发展了儒家正统的思想和理论，主张"礼法并施"；提出"制天命而用之"的人定胜天的思想；反对鬼神迷信；提出性恶论，重视习俗和教育对人的影响，并强调学以致用；其思想集中反映在《荀子》一书中。荀子还整理传承了《诗经》《尚书》《礼》《乐》《易》《春秋》等儒家典籍，为传播保存儒家思想文化做出巨大贡献。

阅读鉴赏

　　君子要修养仁心，没有比真诚更好的做法，做到真诚就没有其他事做了。

只要守住仁心，只要实行礼义。以真诚的心守住仁心就会把仁心表现出来，仁心表现出来就是神妙，神妙就能化育万物。真诚的心实行礼义就有条理，有条理就会有光明，有光明就能变化万物。变化万物轮流兴起，叫作天德。天不说话，而人会把天推崇为高，地不说话，而人会把地推崇为厚，四季不说话，而百姓都知道四季的时节。这些表现都有常道，因为人有真诚的心。

君子是儒家力求实现的人格典范，是价值和正面行为的践行者；可以说，在荀子心目中，君子就是其思想的实践者，所以荀子也说："道者，非天之道，非地之道，人之所以道也，君子之所道也。"冯友兰先生认为，"诚"指真实，"独"指专一，之所以要真实专一地追求道德仁义，恰恰因为道德仁义并非人性中所本有，故此需要通过专精极勤才能使性化于道德仁义。冯先生并且强调，正因为荀子主性恶，所以《不苟》才提到"长迁而不反其初"；这正是主性善者教人复其性的相反。

思考寄语

真诚是最贵的人品。只有做到了真诚，别人才愿意与你交往、交心。真诚地奉行道义，就会变得聪明理智、明察事理，就能改造别人。能够感化、改造别人，真可谓"诚信如神"了。所以时刻牢记，守住每一个善良的念头，守住一颗赤诚之心，守信底线，才守住了做人的根本标准，才能做一个堂堂正正立于天地之间的大写的人。

18 成为一个不惑、不忧、不惧的完整的人（节选）

诵读主体

问诸君："为什么进学校？"我想人人都会众口一词地答道："为的是求学问。"再问："你为什么要求学问？""你想学些什么？"恐怕各人的答案就很不相同，或者竟自答不出来了。诸君啊！我请替你们回答一句罢："为的是学做人。"你在学校里头学的什么数学、几何、物理、化学、生理、心理、历史、地理、国文、英语，乃至什么哲学、文学、科学、政治、法律、经济、教育、农业、工业、商业，等等，不过是做人所需要的一种手段，不能说专靠这些便达到做人的目的。任凭你把这些件件学得精通，你能够成个人不能成个人还是个问题。

人类心理，有知、情、意三部分。这三部分圆满发达的状态，我们先哲名之为三达德——智、仁、勇。为什么叫作"达德"呢？因为这三件事是人类普通道德的标准，总要三件具备才能成一个人。三件的完成状态怎么样呢？

孔子说："知者不惑，仁者不忧，勇者不惧。"所以教育应分为知育、情育、意育三方面。

怎么样才能不惑呢？最要紧的是养成我们的判断力。想要养成判断力：第一步，最少须有相当的常识；进一步，对于自己要做的事须有专门智识；再进一步，还要有遇事能断的智慧。假如一个人连常识都没有，听见打雷，说是雷公发威；看见月蚀，说是虾蟆贪嘴。那么，一定闹到什么事都没有主意，碰到一点疑难问题，就靠求神问卜看相算命去解决。真所谓"大惑不解"，成了最可怜的人了。

学校里小学中学所教，就是要人有了许多基本的常识，免得凡事都暗中摸索。但仅仅有这点常识还不够。我们做人，总要各有一件专门职业。这门职业，也并不是我一人破天荒去做，从前已经许多人做过。他们积了无数经验，发现出好些原理原则，这就是专门学识。

但专靠这种常识和学识就够吗？还不能。宇宙和人生是活的不是呆的，我们每日所碰见的事理是复杂的变化的不是单纯的印板的。倘若我们只是学过这一件才懂这一件，那么，碰着一件没有学过的事来到跟前，便手忙脚乱了。所以还要养成总体的智慧才能有根本的判断力。

这种总体的智慧如何才能养成呢？第一件，要把我们向来粗浮的脑筋着实磨炼他，叫它变成细密而且踏实。那么，无论遇着如何繁难的事，我都可以彻头彻尾想清楚它的条理，自然不至于惑了。

第二件，要把我们向来混浊的脑筋，着实将养它，叫它变成清明。那么，一件事理到跟前，我才能很从容很莹澈地去判断它，自然不至于惑了。以上所说常识学识和总体的智慧，都是知育的要件，目的是教人做到"知者不惑"。

怎么样才能不忧呢？为什么仁者便会不忧呢？想明白这个道理，先要知道中国先哲的人生观是怎么样。"仁"之一字，儒家人生观的全体大用都包在里头。"仁"到底是什么？很难用言语说明。勉强下个解释，可以说是："普遍人格之实现。"孔子说："仁者人也。"意思说是人格完成就叫作"仁"。但我们要知道：人格不是单独一个人可以表见的，要从人和人的关系上看出来。所以"仁"字从"二人"，郑康成解他做"相人偶"。

然则这种仁者为什么就会不忧呢？大凡忧之所从来，不外两端，一曰忧成败，二曰忧得失。"仁者"看透这种道理，信得过只有不做事才算失败，肯做事便不会失败。所以《易经》说："君子以自强不息。"换一方面来看，他们又信得过凡事不会成功的，几万万里路挪了一两寸，算成功吗？所以《论语》说："知其不可而为之。"你想！有这种人生观的人，还有什么成败可忧呢？

最后，我们得着"仁"的人生观，便不会忧得失。为什么呢？因为认定这件东西是我的，才有得失之可言。连人格都不是单独存在，不能明确地画出这一部分是我的那一部分是人家的，然则哪里有东西可以为我所得？既已没有东西为我所得，当然也没有东西为我所失。我只是为学问而学问，为劳动而劳动，并不是拿学问劳动等做手段来达某种目的——可以为我们"所得"的。

怎么样才能不惧呢？有了不惑不忧功夫，惧当然会减少许多了，但这是属于意志方面的事。一个人若是意志力薄弱，便有很丰富的智识，临时也会用不着，便有很优美的情操，临时也会变了卦。然则意志怎么才会坚强呢？头一件须要心地光明。孟子说："浩然之气，至大至刚。行有不慊于心，则馁矣。"又说，"自反而不缩，虽褐宽博，吾不惴焉；自反而缩，虽千万人，吾往矣。"

俗语说得好："生平不做亏心事，夜半敲门也不惊。"一个人要保持勇气，须要从一切行为可以公开做起。这是第一件。第二件要不为劣等欲望之所牵制。《论语》记："子曰：'吾未见刚者。'或对曰：'申枨。'子曰：'枨也欲，焉得刚？'"一被物质上无聊的嗜欲东拉西扯，那么，百炼刚也会变为绕指柔了。

意志磨炼得到家，自然是看着自己应做的事，一点不迟疑，扛起来便做，"虽千万人吾往矣"。这样才算顶天立地做一世人，绝不会有藏头躲尾、左支右绌的丑态。这便是意育的目的，要教人做到"勇者不惧"。

　　我们拿这三件事作做人的标准，请诸君想想，我自己现时做到哪一件——哪一件稍为有一点把握。倘若连一件都不能做到，连一点把握都没有，嗳哟！那可真危险了，你将来做人恐怕就做不成。

　　我盼望你有痛切的自觉啊！有了自觉，自然会成功。那么，学校之外，当然有许多学问，读一卷经，翻一部史，到处都可以发现诸君的良师呀！

　　诸君啊！醒醒罢！养足你的根本智慧，体验出你的人格人生观，保护好你的自由意志。你成人不成人，就看这几年哩！

知人论世

方圆相宜　行稳致远

　　梁启超（1873—1929），字卓如，一字任甫，号任公，又号饮冰室主人、饮冰子、哀时客、中国之新民、自由斋主人。清朝光绪年间举人，中国近代思想家、政治家、教育家、史学家、文学家。戊戌变法（百日维新）领袖之一、中国近代维新派、新法家代表人物。

　　幼年时从师学习，8岁学为文，9岁能缀千言，17岁中举。后从师于康有为，成为资产阶级改良派的宣传家。维新变法前，与康有为一起联合各省举人发动"公车上书"运动，此后先后领导北京和上海的强学会，又与黄遵宪一起办《时务报》，任长沙时务学堂的主讲，并著《变法通议》为变法做宣传。戊戌变法失败后，与康有为一起流亡日本。他是近代文学革命运动的理论倡导者。晚年，梁启超以主要精力从事文化教育和学术研究活动。他倡导新文化运动，支持五四运动。其著作合编为《饮冰室合集》。

阅读鉴赏

　　本文是1922年梁启超先生应苏州学界之邀所作的一场演讲。文章的标题为"成为一个不惑、不忧、不惧的人"，源自孔子的"知者不惑、仁者不忧、勇者不惧"。作为中国近代思想家、政治家、教育家，梁启超的9个孩子个个优秀。关于教育，他说：知育要教到人不惑，情育要教到人不忧，意育要教到人不惧。

　　所谓"不惑"，就是需要养成良好的判断力，这就需要年轻人具备良好的学识、广博的知识与智慧的判断；所谓"不忧"，是指不患得患失，不拿学问、劳动等做手段来达到某种目的；所谓"不惧"，是指年轻人应当培养坚定的意志力，保持积极向上的勇气和不为劣等欲望牵制的定力。

思考寄语

　　这篇文章虽离我们百年之远，但发人深省之力仍喷薄而出。我们要了解自己的兴趣与理想，了解自己内心最真实的渴望，不惑于自己的选择；我们要勇敢面对现实的压力，不忧于自己的不足；我们要正确看待长辈的批评，不惧于自己的困境。

19 早

诵读主体

　　深冬，酿雪的天气。我们在绍兴访问三味书屋。从新台门走几分钟，过一道石桥，踏进坐南朝北的黑油竹门就到了。

　　三味书屋是三间的小花厅。还没进门，迎面先扑来一阵清香。那清香纯净疏淡，像是桂花香，又像是兰花香。细想又都不像，因为小寒前后，桂花早已开过，兰花却还要迟些日子才开。是什么香呢？据说"三味"是把书比作五谷、蔬菜、点心的，也许这就是书香？三味书屋是几十年前的书塾，当年"子曰""诗云"，咿咿呀呀的读书声，街上都能听得到。

　　书屋朝西，门两边开窗。南墙上有一个圆洞门，里边有小匾，上题"停云小憩"。东面正中挂一幅画，画上古树底下伏着一只梅花鹿，那是当年学生朝着行礼的地方。画前面，正中是先生的座位，朴素的八仙桌，高背的椅子，桌子上整齐地放着笔墨纸砚和一把不常使用的戒尺。学生的书桌分列在四面，东北角上是鲁迅用过的一张。当年鲁迅就在那里读书、习字、对课，或者把宣纸蒙在《西游记》一类的小说上描绣像。现在所有书桌旁边的椅子当然都是空的。想到几十年前若是遇到这种情形，寿镜吾老先生该会喊了吧："人都到哪里去了！"默默中我仿佛听到了那严厉的喊声，同时记起鲁迅在文章里还写过：书屋后面有一个园子，园子里有许多蜡梅。

我忽然明白了清香的来源：是蜡梅花。

迈进后园，蜡梅开得正盛，几乎满树都是花。那花白里透黄，黄里透绿，花瓣润泽透明，像琥珀或玉石雕成的，很有点冰清玉洁的韵致。梅飘香而送暖，梅花开的时候，正预示着春天的到来。二十四番花信风，一候是梅花，开得最早。

早哇！鲁迅的书桌上就刻着一个"早"字。

这个字还有这样一段来历：那年鲁迅的父亲生了病，躺在床上。鲁迅一面上书塾，一面要帮家务，天天奔走于当铺和药铺之间。有一天早晨，鲁迅上学迟到了。素以品行方正、教书认真著称的寿镜吾老先生严厉地说了这样一句话："以后要早到！"鲁迅听了没有说什么，默默地回到座位上。他在书桌上轻轻地刻了一个小小的字："早。"从那以后，鲁迅上学就再也没有迟到过，而且时时早，事事早，奋斗了一生。

是啊，的确要早。要珍惜清晨，要珍惜春天，要学梅花，做"东风第一枝"。

知人论世

吴伯箫（1906—1982），山东莱芜人，原名熙成，当代著名的散文家和教育家。代表作品有《羽书》《难老泉》《黑红点》《菜园小记》《出发集》《记一辆纺车》《我还没见过长城》《往年》等。

阅读鉴赏

这是一篇精美的游记散文。"三味书屋"是每个求学的孩子认识鲁迅的开始，带给懵懂无知孩童时代的我们许多美好的想象，似乎那里有许多等待我们去探寻的未解之谜。"三味书屋"作为鲁迅幼年时的求学之地，作者势必带着对鲁迅人格的敬仰之情去追寻的。

文章从"一阵清香"写起，设置悬念，引发联想，作者明白了清香的来源，紧接着就落实到所见的梅花，并极力赞美梅花的美、早，进而联想到鲁迅书桌上的"早"字，从而将梅花与鲁迅的品格勾连起来。

"三味书屋"背后隐藏的是鲁迅勤勉刻苦的求学态度。鲁迅从小就严格要求自己，虽然是不得已才迟到的，但他还是牢记老师的教导，树立了时时早、事事早的信念，并为此奋斗了一生……这个"早"激励着我们珍惜光阴，珍惜

方圆相宜　行稳致远

青春。正如鲁迅曾经说过，哪里有天才，我是把别人喝咖啡的工夫都用在工作上了。

思考寄语

鲁迅不仅是作家，更是几代中国人的精神领袖，他的一生，是奋斗的一生。小小的、轻轻的"早"字，却大大地、重重地落在了他的心中，折射出伟人坚强的意志和执着的追求。鲁迅的人格魅力，像一座灯塔，指引我们在人生的赛道上和时间赛跑，我们要向鲁迅学习做"东风第一枝"。

20 论"气节"（节选）

诵读主体

气节是我国固有的道德标准，现代还用着这个标准来衡量人们的行为，主要的是所谓读书人或士人的立身处世之道。气和节似乎原是两个各自独立的意念。《左传》上有"一鼓作气"的话，是说战斗的。后来所谓"士气"就是这个气，也就是"斗志"；这个"士"指的是武士。孟子提倡的"浩然之气"，似乎就是这个气的转变与扩充。他说"至大至刚"，说"养勇"，都是带有战斗性的。"浩然之气"是"集义所生"，"义"就是"有理"或"公道"。后来所谓"义气"，意思要狭隘些，可也算是"浩然之气"的分支。现在我们常说的"正义感"，虽然特别强调现实，似乎也还可以算是跟"浩然之气"联系着的。至于文天祥所歌咏的"正气"，更显然跟"浩然之气"一脉相承。不过在笔者看来两者却并不完全相同，文氏似乎在强调那消极的节。

节的意念也在先秦时代就有了，《左传》里有"圣达节，次守节，下失节"的话。古代注重礼乐，乐的精神是"和"，礼的精神是"节"。礼乐是贵族生活的手段，也可以说是目的。他们要定等级，明分际，要有稳固的社会秩序，所以要"节"，但是他们要统治，要上统下，所以也要"和"。礼以"节"为主，可也得跟"和"配合着；乐以"和"为主，可也得跟"节"配合着。节跟和是相反相成的。明白了这个道理，我们可以说所谓"圣达节"等等的"节"，是从礼乐里引申出来成了行为的标准或做人的标准；而这个节其实也就是传统的"中道"。按说"和"也是中道，不同的是"和"重在合，"节"重在分；重在分所以重在不犯不乱，这就带上消极性了。

"士"或称为"读书人"，是统治阶级最下层的单位，并非"帮闲"。他们的利害跟君相是共同的，在朝固然如此，在野也未尝不如此。固然在野的处士可以不受君臣名分的束缚，可以"不事王侯，高尚其事"，但是他们得吃饭，这饭恐怕还得靠农民耕给他们吃，而这些农民大概是属于他们做官的祖宗的遗产的。"躬耕"往往是一句门面话，就是偶然有个把真正躬耕的如陶渊明，精神上或意识形态上也还是在负着天下兴亡之责的士，陶的《述酒》等诗就是证据。可见处士虽然有时横议，那只是自家人吵嘴闹架，他们生活的基础一般的主要的还是在农民的劳动上，跟君主与在朝的大夫并无两样，而一般的主要的意识形态，彼此也是一致的。

然而士终于变质了，这可以说是到了民国时代才显著。从清朝末年开设学校，教员和学生渐渐加多，他们渐渐各自形成一个集团；其中有不少的人参加革新运动或革命运动，而大多数也倾向着这两种运动。这已是气重于节了。等到民国成立，理论上人民是主人，事实上是军阀争权。这时代的教员和学生意识着自己的主人身份，游离了统治的军阀；他们是在野，可是由于军阀政治的腐败，却渐渐获得了一种领导的地位。他们虽然还不能和民众打成一片，但是已经在渐渐地接近民众。五四运动划出了一个新时代。自由主义建筑在自由职业和社会分工的基础上。教员是自由职业者，不是官，也不是候补的官。学生也可以选择多元的职业，不是只有做官一路。他们于是从统治阶级独立，不再是"士"或所谓"读书人"，而变成了"知识分子"，集体的就是"知识阶级"。残余的"士"或"读书人"自然也还有，不过只是些残余罢了。这种变质是中国现代化的过程的一段，而中国的知识阶级在这过程中也曾尽了并且还在想尽他们的任务，跟这时代世界上别处的知识阶级一样，也分享着他们一般的运命。若用气节的标准来衡量，这些知识分子或这个知识阶级开头是气重于节，到了现在却又似乎是节重于气了。

朱自清（1898—1948），原名自华，号秋实，后改名自清，字佩弦。现代杰出的散文家、诗人、学者、民主战士。经过漫长曲折的道路，在黑暗现实的教育和爱国民主运动的推动下，他成为革命民主主义战士。在反饥饿、反内战的实际斗争中，他身患重病，签名于《抗议美国扶日政策并拒绝领取美援面粉宣言》，并嘱告家人不买配售面粉，始终保持着一个正直的爱国知识分子的气节和情操。

阅读鉴赏

这是朱自清先生于1947年，从冯雪峰指出的"士节"的两种典型出发，针对中年和青年接受"气节"这一传统存在脱节的现象，补充冯先生没有说到的内容，形成的一篇讲演稿。文章充分肯定了五四以来青年知识分子用正义的斗争行动代替消极的"气节"的"新的做人的尺度"。

气节是我们的民族精神。本文论述了"节"的概念及两者之间关系的历史演变，论证了"气"是一种浩然正气，"节"是一种不犯不乱，消极的观点，成一家之言。文章对中国现代知识分子道路的探索，有强烈的时代感，有鲜明的针对性；融入了自己的体验与追求：知识分子应该持有以"气"为主的具有"正义感"和"行动"的新的气节观。

朱自清本人"一身重病，宁可饿死，不领美国的救济粮"的悲壮行为，是"气节"二字的最好脚注。

思考寄语

人是要有一点精神的。气节就是人的一种精神支柱。我们要以正确的世界观、人生观和价值观为核心，努力学习，崇尚理性，追求真理，继承和发扬我国悠久的，包括气节在内的精神文化传统，做到心中有信仰，成为被鲁迅先生誉为"中国的脊梁"的人。

21 皇甫绩传

诵读主体

　　皇甫绩字功明,安定朝那人也。绩三岁而孤,为外祖韦孝宽所鞠养。尝与诸外兄弈棋,孝宽以其惰业,督以严训,愍绩孤幼,特舍之。绩叹曰:"我无庭训,养于外氏,不能克躬励己,何以成立?"深自感激,命左右自杖三十。孝宽闻而对之流涕。于是精心好学,略涉经史。

知人论世

　　《皇甫绩传》出自《隋书·皇甫绩传》,是唐代魏征主编的一篇传记。魏征(580—643),字玄成,邢州巨鹿(今河北巨鹿)人,后迁居相州内黄(今河南内黄)。唐代政治家。武德时为太子洗马。贞观时历官谏议大夫、秘书监、侍中,参与朝政。贞观初朝臣论政,他主张"偃革兴文,布德施惠,中国既安,四夷自服"。李世民接受他的主张,终至天下安定。后数被召见,访问得失,征尽诚献智,知无不言,其言论多载于《贞观政要》。诏修周、隋、齐、梁、陈五代史事,各史有专人负责,令魏征总加撰定,时称良史。因丧乱后典籍纷杂,建议集学者校订四部书,数年之间,秘府图籍渐备;以《礼记》庞杂无序,建议重加改编,数年成《类礼》二十篇。又主编《群书治要》。所著今存有《魏郑公谏录》五卷、《魏郑公文集》三卷、《魏郑公诗集》一卷。

阅读鉴赏

译文:

　　皇甫绩字功明,是安定朝那人。皇甫绩三岁就成了孤儿,被外祖父韦孝宽养育。他曾与诸位表兄下棋,而忘记完成作业了。未完成作业者,按照家法重打三十大板。韦孝宽因他懒于学业,用严格的训令来督促他。但可怜他年幼丧父,特别原谅他。皇甫绩叹气说:"我没有父母教训,被外祖父抚育,如不克制自己,自我勉励,怎能成人?"他十分感激,让别人打他三十棍子。孝宽听说此事,对着他流泪。他于是专心致志,一心向学,对经书史书多有涉猎。

皇甫绩（541—592），字功明，安定郡朝那县（今甘肃省灵台县朝那镇）人。北周到隋朝时期的大臣，胡州刺史皇甫道之子。父母早亡，寄养于外祖韦孝宽。北周时，曾为鲁公（武帝）侍读，官至御正下大夫。助杨坚总揽朝政，拜上开府，转内史中大夫。入隋，出为豫州刺史，寻转晋州刺史。隋灭陈后，拜苏州刺史。

这是一则有名的皇甫绩守信求责的故事。正因为他从小养成的信守诺言、勇于承认错误的品德，使得他在文武百官中享有很高的声望，成为隋朝有名的大臣。

思考寄语

俗话说"无规矩不成方圆"。我们应该主动承担责任，而不是一味地逃避，犯错并不可怕，我们应该勇于承认并直面困难才是解决问题的方法。

致福成义　礼达四方

1 不受嗟来之食

诵读主体

> 黔敖为食于路，以待饿者而食之。有饿者蒙袂辑屦，贸贸然来。黔敖左奉食，右执饮，曰："嗟！来食！"扬其目而视之，曰："予唯不食嗟来之食，以至于斯也。"从而谢焉，终不食而死。

知人论世

《礼记》又名《小戴礼记》《小戴记》，成书于汉代，相传为西汉礼学家戴圣所编。《礼记》是中国古代一部重要的典章制度选集，共二十卷四十九篇，书中内容主要写先秦的礼制，体现了先秦儒家的哲学思想（如天道观、宇宙观、人生观）、教育思想（如个人修身、教育制度、教学方法、学校管理）、政治思想（如以教化政、大同社会、礼制与刑律）、美学思想（如物动心感说、礼乐中和说），是研究先秦社会的重要资料，是一部儒家思想的资料汇编。

《礼记》章法谨严，文辞婉转，前后呼应，语言整饬而多变。自东汉郑玄作"注"后，《礼记》地位日升，至唐代时尊为"经"，宋代以后，位居"三礼"之首。《礼记》中记载的古代文化史知识及思想学说，对儒家文化传承、当代文化教育和德性教养及社会主义和谐社会建设有重要影响。

阅读鉴赏

春秋时期，有一年，齐国发生了严重的饥荒，一大批穷人由于缺粮少食，而被活活地饿死。有一位名叫黔敖的贵族奴隶主，在大路旁摆上一些食物，看着穷人一个个饿得东倒西歪的样子，幸灾乐祸，想戏弄一下这些灾民。黔敖故意把窝窝头摆在路边，每当有饥民走来，他就傲慢地吆喝道："喂，给你吃吧！"然后把窝头扔在地上滚出去很远，看着饥民们爬过去捡，他便在一旁哈哈大笑。

不一会儿，远处走过来一个瘦骨嶙峋的饥民，只见他破衣烂衫，蓬头垢面，十分狼狈。他已经好几天没吃东西了，走起路来摇摇晃晃的。黔敖看见这个饥民的模样，特意拿了两个窝窝头，还盛了一碗汤，对着这个饥民大声叫道："喂，来吃吧！"饥民没有理他。黔敖又叫道："嗟，听到没有？给你吃的！"只见那饥民突然精神振作起来，瞪眼看着黔敖说："收起你的食物！我宁愿饿死也不吃嗟来之食！"黔敖万万没料到，在饥饿面前居然还有人能保持尊严。他满面羞惭，一时说不出话来。

这位不食嗟来之食的廉士死了。看起来他是死于饥荒，而其实是死于他耿介的秉性。所谓富贵不能淫，贫贱不能移，宁肯死于义而不可死于困厄的自洁精神，便在这则十分简短的故事中得到了充分的肯定，而"不食嗟来之食"这句话，也成为后世许多志士仁人洁身全节的座右铭。

思考寄语

"志士不饮盗泉之水，廉者不受嗟来之食"，是对做人气节的称颂与赞美。提倡做人应有骨气，宁可克制自然生理的、强烈的、基本的欲望，直至断送性命，也不做摧眉折腰、苟且偷生之事。正如朱自清所言，饿死也不接受美国的救济粮，这就是我国文人义士的高傲风骨！

2 道德经·第二十五章

诵读主体

有物混成，先天地生。寂兮寥兮，独立而不改，周行而不殆，可以为天地母。吾不知其名，字之曰道，强为之名曰大。大曰逝，逝曰远，远曰反。故道大，天大，地大，王亦大。域中有四大，而王居其一焉。人法地，地法天，天法道，道法自然。

知人论世

《道德经》是中国古代先秦诸子分家前的一部著作，是道家哲学思想的重要来源。老子，姓李名耳，字聃，一字伯阳，春秋末期人，中国古代思想家、哲学家、文学家和史学家，道家学派创始人和主要代表人物，曾被列为世界文化名人，世界百位历史名人之一。

阅读鉴赏

译文：

有一个东西浑然而成，在天地形成以前就已经存在。听不到它的声音也看不见它的形体，寂静而空虚，不依靠任何外力而独立长存永不停息，循环运行而永不衰竭，可以作为万物的根本。我不知道它的名字，所以勉强把它叫作"道"，再勉强给它起个名字叫作"大"。它广大无边而运行不息，运行不息而伸展遥远，伸展遥远而又返回本原。所以说道大、天大、地大、人也大。宇宙间有四大，而人居其中之一。人取法地，地取法天，天取法"道"，而道纯任自然。

《道德经》，又称《道德真经》《老子》《五千言》《老子五千文》，是中国古代先秦诸子分家前的一部著作，为其时诸子所共仰，传说是春秋时期的老子（李耳）所撰写，是道家哲学思想的重要来源。道德经分上下两篇，原文上篇《德经》、下篇《道经》，不分章，后改为《道经》37章在前，第38章之后为《德经》，并分为81章。文本以哲学意义之"道德"为纲宗，论述修身、治国、用兵、养生之道，而多以政治为旨归，乃所谓"内圣外王"之学，文意深奥，包含广博。

思考寄语

宇宙中万事万物，包括人类在内，都源于大道，统一于大道。大道是宇宙的本原、本元。这是老子《道德经》的一个根本观点。对青少年的道德启发就是：一切行为都要符合道德规范，不能无法无天。我们一定要对天地怀有敬重之心，不能狂妄自大。

3 孔子的洒脱

　　我喜欢读闲书，即使是正经书，也不妨当闲书读。譬如说《论语》，林语堂把它当作孔子的闲谈读，读出了许多幽默，这种读法就很对我的胃口。近来我也闲翻这部圣人之言，发现孔子乃是一个相当洒脱的人。

　　在我的印象中，儒家文化一重事功，二重人伦，是一种很入世的文化。然而，作为儒家始祖的孔子，其实对于功利的态度颇为淡泊，对于伦理的态度又颇为灵活。这两个方面，可以用两句话来代表，便是"君子不器"和"君子不仁"。

　　孔子是一个读书人。一般读书人寒窗苦读，心中都悬着一个目标，就是有朝一日成器，即成为某方面的专门家，好在社会上混一个稳定的职业。说一个人不成器，就等于说他没出息，这是很忌讳的。孔子却坦然地说，一个真正的人本来就是不成器的。也确实有人讥他博学而无所专长，他听了自嘲地说："那么我就以赶马车为专长吧。"

　　其实，孔子对于读书有他自己的看法。他主张读书要从兴趣出发，不赞成为求知而求知的纯学术态度（"知之者不如好之者，好之者不如乐之者"）。他还主张读书是为了完善自己，鄙夷那种沽名钓誉的庸俗文人（"古之学者为己，今之学者为人"）。他一再强调，一个人重要的是要有真才实学，而无须在乎外在的名声和遭遇，类似"不患莫己知，求为可知也"这样的话，《论语》中至少重复了四次。

　　"君子不器"这句话不仅说出了孔子的治学观，也说出了他的人生观。有一回，孔子和他的四个学生聊天，让他们谈谈自己的志向。其中三人分别表示想做军事家、经济家和外交家，唯有曾点说，他的理想是暮春三月，轻装出发，约了若干大小朋友，到河里游泳，在林下乘凉，一路唱歌回来。孔子听罢，喟然叹曰："我和曾点想的一样。"圣人的这一叹，活泼泼地叹出了他的未染的性灵，使得两千年后一位最重性灵的文论家大受感动，竟改名"圣叹"，以志纪念。人生在世，何必非要成个什么器、做个什么家呢，只要活得悠闲自在，岂非胜似一切？

　　学界大抵认为"仁"是孔子思想的核心，至于什么是"仁"，众说不一，但都不出伦理道德的范围。孔子重人伦是一个事实，不过他到底是一个聪　明人，而一个人只要足够聪明，就决不会看不一切伦理规范的相对性质。所以，"君子而不仁者有矣夫"这句话竟出自孔子之口，他不把"仁"看作理想人格的必备条件，也就不足怪了。有人把仁归结为忠恕二字，其实孔子决不主张愚忠和滥恕。他总是区别对待"邦有道"和"邦无道"两种情况，"邦无道"之时，能逃就逃（"乘桴浮于海"），逃不了则少说话为好（"言孙"），会装傻更妙（"愚不可及"这个成语出自《论语》，其本义不是形容愚蠢透顶，而是孔子夸奖某人装傻装得高明极顶的话，相当于郑板桥说的"难得糊涂"。他也不像基督那样，当你的左脸挨打时，要你把右脸也送上去。有人问他该不该"以德报怨"，他反问：那么用什么来报德呢？然后说，应该是用公正回报怨仇，用恩德回报恩德。

孔子实在是一个非常通情达理的人，他有常识，知分寸，丝毫没有偏执狂妄。"信"是他亲自规定的"仁"的内涵之一，然而他明明说："言必信，行必果"，乃是僵化小人的行径（"硁硁然小人哉"）。其要害是那两个"必"字，毫无变通的余地，把这位老先生惹火了。他还反对遇事过分谨慎。我们常说"三思而后行"，这句话也出自《论语》，只是孔子并不赞成，他说再思就可以了。

也许孔子还有不洒脱的地方，我举的只是一面。有这一面毕竟是令人高兴的，它使我可以放心承认孔子是一位够格的哲学家了，因为哲学家就是有智慧的人，而有智慧的人怎么会一点不洒脱呢？

知人论世

周国平，中国当代著名学者、作家、哲学研究者，是中国研究哲学家尼采的著名学者之一。

著作有：《尼采：在世纪的转折点上》《尼采与形而上学》，散文集《守望的距离》《各自的朝圣路》《安静》《善良丰富高贵》，纪实作品《妞妞：一个父亲的札记》《岁月与性情——我的心灵自传》《偶尔远行》《宝贝，宝贝》，随感集《人与永恒》《风中的纸屑》《碎句与短章》，诗集《忧伤的情欲》，以及《人生哲思录》《周国平人文讲演录》等，译有《尼采美学文选》《尼采诗集》《偶像的黄昏》等。

阅读鉴赏

作者首先提出问题，由把《论语》当闲书读，提出自己的观点；其次，运用事例具体论证自己提出的观点；最后提出，要想做有智慧的人就得洒脱。

针对本文的中心论点"君子不器；君子不仁"。作者首先对"君子不器"进行解释，"说一个人不成器，就等于说他没出息，这是很忌讳的。孔子却坦然地说，一个真正的人本来就是不成器的"。正如文章所言，多数人读书是为了考取功名，一个真正的人不会为功利去读书，而读书是为真才实学，为活得悠闲自在。

"一个真正的人本来就是不成器的"这句话体现了孔子的人生观。多少人在这世上追求名利欲望，这难道就是所谓的"器"吗？正如曾皙的志向一样，人生在世，何必非要成个什么器、做个什么家呢，只要活得悠闲自在，岂非胜似一切？

当我们深入研究儒家思想后，原来，孔子的"君子不器"是君子不屑于成什么象征功名利禄的器。怪不得孔子的言论能流传千古，因为他的言语里蕴含着人世间的大智慧。

思考寄语

> 孔子对于功利的态度颇为淡泊，对于伦理的态度又颇为灵活，孔子所说的真正的人是指：完善自我、性灵未染、难得糊涂、通情达理。告诫我们要积极"入世"，关注社会生活、人伦世理。

4 离太阳最近的树（节选）

诵读主体

> 红柳通常都是长在沙丘上。一座结实的沙丘顶上，昂然立着一株红柳。它的根像一只巨大章鱼的无数脚爪，缠附至沙丘逶迤的边缘。
>
> 我很奇怪，红柳为什么不找个背风的地方猫着呢？生存中也好少些艰辛。老兵说，你本末倒置了。不是红柳长在沙丘上，是因为有了这棵红柳，固住了流沙。随着红柳的渐渐长大，流沙被固住得越来越多，最后便聚成了一

座沙山。红柳的根有多广，那沙山就有多大。

啊，红柳如同冰山。露在沙上的部分只有十分之一，伟大的力量埋在地下。

红柳的枝叶算不得好柴薪。它们在灶膛里像闪电一样，转眼就释放完了，炊事员说它们一点后劲也没有。真正顽强的是红柳强大的根系。它们如盘卷的金属，坚挺而硬韧，与沙砾黏结得如同钢筋混凝土。一旦燃烧起来，能持续而稳定地吐出熊熊的热量，好像把千万年来，从太阳那里索得的光芒，压缩后爆裂出来。金红的火焰中，每一块红柳根，都弥久地维持着盘根错节的形状，好像一个个傲然不屈的英魂。

……

我们餐风宿露。今年可以看到，去年被掘走红柳的沙丘，好像做了眼球摘除术的伤员，依旧大睁着空洞的眼睑，怒向苍穹。但这触目惊心的景象不会持续太久，待到第三年，那沙丘已烟消云散，好像此地从来不曾生存过什么千年古木，堆聚过亿万颗沙砾。听最近到过阿里的人讲，红柳林早已掘净烧光，连根须都烟消灰灭了。

有时深夜，我会突然想起那些高原上的"原住民"，它们的魂魄，如今栖息在何处云端？会想到那些曾经被固住的黄沙，是否已飘撒到世界各地？从屋顶上扬起的尘雾，通常会飞得十分遥远。

知人论世

毕淑敏，著名当代作家。从事医学工作20年后，开始专业写作，中篇小说《预约死亡》发表后获得全国性声誉。著有《毕淑敏文集》十二卷，长篇小说《红处方》《血玲珑》《女心理师》《鲜花手术》等。曾获庄重文文学奖，小说月报第四、第五、第六届百花文学奖，当代文学奖，陈伯吹文学大奖，北京文学奖，昆仑文学奖，解放军文艺奖，青年文学奖等各种文学奖30余项。

阅读鉴赏

《离太阳最近的树》是毕淑敏歌颂高原红柳植物的一曲悲歌，文章采用了拟人的修辞手法，文章笔调平稳而深沉，通过平静的叙述、细致的描写向我们表达了对自然的尊重、对生命的崇敬之情。

高原植物红柳树是本文的"主人公"，在面对"酷寒"时，红柳树犹如人一样，用"微笑"面对，此刻红柳树不惧艰难险阻。在海拔5000米极度缺氧的情况下，依然从容不迫，"每一块红柳根，都弥久地维持着盘根错节的形状，好像一缕傲然不屈的英魂"等语句，让我们深深地感受到其顽强向上的生命力。

同时，在作家的笔下，红柳还有着无私的奉献精神，它那强大的根系有着巨大的内在力量，可以固住泥沙，保护生态环境，给高原带来生命的希望。

但是在人类的眼中，这样顽强、无私奉献的红柳树却变成了理想的燃料，最后，阿里唯一的绿树、高原精灵——红柳终于被彻底挖掘。红柳因根而造福人类，也因根而被挖掘殆尽，这无疑是一出悲剧，而更可悲的是人们没有意识到自己的可悲。

思考寄语

掩卷深思，在环境问题上，人类存在"人定胜天"、人类是宇宙的主宰的错误观念。我们应该树立一种新的生态伦理观。地球不仅属于人类，也属于全体生物。人类的伟大应该表现为顺应自然，慎重地改造、利用自然维护良好的生态环境，实现人与自然的和谐共处。

⑤ 弟子规·入则孝

诵读主体

父母呼，应勿缓，父母命，行勿懒。

父母教，须敬听，父母责，须顺承。

冬则温，夏则凊，晨则省，昏则定。

出必告，反必面，居有常，业无变。

事虽小，勿擅为，苟擅为，子道亏。

物虽小，勿私藏，苟私藏，亲心伤。

亲所好，力为具，亲所恶，谨为去。

身有伤，贻亲忧，德有伤，贻亲羞。

亲爱我，孝何难，亲憎我，孝方贤。

亲有过，谏使更，怡吾色，柔吾声。

谏不入，悦复谏，号泣随，挞无怨。

亲有疾，药先尝，昼夜侍，不离床。

丧三年，常悲咽，居处变，酒肉绝。

丧尽礼，祭尽诚，事死者，如事生。

知人论世

李毓秀（1647—1729），字子潜，号采三。生于清代顺治年间，卒于雍正年间，享年83岁。清初著名学者、教育家。据国学学者王俊闳考证，李毓秀的人生经历平实，性情温和豁达，因而缺少传奇故事。史料记载，在年轻的时候，李毓秀师从同乡学者党冰壑，游学近二十年。科举不中后，就放弃了仕进之途，终身为秀才，致力于治学。精研《大学》《中庸》，创办敦复斋讲学。来听课的人很多，门外满是脚印。太平县御史王奂曾多次向他请教，十分佩服他的才学，他被人尊称为李夫子。平生只考中秀才，主要活动是教书。

根据传统对童蒙的要求，也结合他自己的教书实践，李毓秀写成了《训蒙文》，后来经过贾存仁修订，改名《弟子规》。他的著作还有《四书正伪》《四书字类释义》《学庸发明》《读大学偶记》《宋孺夫文约》《水仙百咏》等，分别藏于山西省图书馆和北京大学图书馆。《弟子规》浅显易懂，押韵顺口，文风朴实，说理透彻，可谓谆谆教诲，循循善诱，在我国清代教育史上有一定的影响。清代后期成为广为流传的儿童读本和童蒙读物，此书以浅近通俗的文字、三字韵的形式阐述了学习的重要、做人的道理以及待人接物的礼貌常识等，几乎与《三字经》《百家姓》《千字文》有同等影响。

阅读鉴赏

译文：

父母呼唤，应及时回答，不要缓慢答应。父母交代事情，要立刻去做，不可拖延或推辞偷懒。父母教导我们为人处世的道理，应恭敬聆听。父母责备教训时，应恭顺地虚心接受。侍奉父母要用心体贴，冬天寒冷时为父母温暖被窝，夏天睡前为父母铺床扇凉。早晨起床，应先探望父母，向父母请安问好；晚上伺候父母安睡。外出时，须告诉父母去处，回家以后，也要当面禀报父母，让他们心安。平常起居作息，要保持规律，做事有规矩，不任意改变世代相沿的事业。

纵然是小事，也不能擅自做主，不禀告父母。如果任性而为，就有损于为人子女的本分，是不孝的行为。公物虽小，也不可私自收起占为己有。如果这样，品德就有缺失，父母知道了一定很伤心。父母亲所喜好的东西，做子女的应尽力准备齐全；父母厌恶的事情，要小心谨慎去除。要爱护自己的身体，不要使之受到伤害，让父母忧虑。要注重自己的品格修养，不可以做出有违道德的事情，让父母蒙羞。当父母喜爱我们时，孝顺不难做到；当父母不喜欢我们时，或者管教过于严厉时，我们一样孝顺，而且还要反省自己，体会父母心意，努力改过并做得更好，这样的孝顺才最为难能可贵。父母有过错，应规劝使之改正。劝导时态度要诚恳，声音需柔和。如果父母不听规劝，寻适当时机再继续劝导；若父母仍不接受，我们要痛哭流涕，恳求父母改过，纵然遭到责打也不怨悔。父母生病时，子女应尽心照顾亲尝汤药，（一旦病情严重）要昼夜服侍，不离病床。父母去世，要守孝三年，要常常追思感怀父母教养的恩德。守孝期间自己住的地方也改为简朴，并戒绝酒肉。办理父母的丧事要依照礼仪，不可草率马虎，祭拜时要诚心诚意。对待已经去世的父母，要如同生前一样恭敬。

现在流通的《弟子规》，原称《训蒙文》，曾在清后代产生过较大的影响，被誉为"人生第一步，天下第一规"。这是一篇启蒙、教育子弟尽人伦本分的书籍。全篇以三字为一句形式编写，全文共1080字，易于朗诵，朗朗上口，内容浅显易懂。《弟子规》提传统道德教育著作之纲领，是接受伦理道德教育的、养成有德有才之人的最佳读物。《弟子规》分为七个部分，即孝、悌、谨、信、爱众、亲仁、学文。《弟子规》是依据至圣先师孔子的教诲编成的。

首先，在日常生活中要做到孝敬父母，友爱兄弟姐妹。其次一切言行中，要谨慎，要讲信用；和大众交往时要平等仁和，要时常亲近有仁德的人，向他学习。

选文主要讲如何孝顺父母。从如何对待父母的呼唤、命令、教育、责备，到如何让父母过得安稳、放心，到如何关心、侍奉、劝谏父母，最后讲父母去世如何守丧之礼。作者通过很具体的日常琐事，教育弟子什么是孝顺，应如何孝顺，今天的读者应注意取其精华，去其糟粕，辩证看待。

思考寄语

　　孝道是中华民族传统美德，百善孝为先。作为孩子的我们，一定要尊老爱幼，孝敬自己的父母。我们是从父母那里获得生命，我们应该知恩感恩。一个人能知恩感恩，孝心才得以萌生，父母是这个世界上最疼爱关心我们的人，在生活中一定履行子女的义务。子女一定践行"孝"的文化，大力弘扬中华美德。

6 问 说

诵读主体

　　君子之学必好问。问与学，相辅而行者也。非学无以致疑，非问无以广识；好学而不勤问，非真能好学者也。理明矣，而或不达于事；识其大矣，而或不知其细，舍问，其奚决焉？

知人论世

　　刘开（1784—1824），字明东，又字方来，号孟涂，安徽桐城人，清代散文家。刘开出生数月丧父，母吴氏日耕夜织，尽心抚育。少时牧牛常倚塾窗外，旁听塾师讲课，天长日久，习以为常，塾师颇为爱怜，留馆就读。刘开如饥似渴，遍读诗文。十四岁，师从桐城派大家姚鼐，为清桐城派代表作家之一。著有《刘孟涂诗文集》。

　　桐城派，亦称"桐城古文派"，是我国清代文坛上最大的散文流派。其代表人物方苞、刘大櫆、姚鼐等，皆为安徽桐城人。它以其文统的源远流长、文论的博大精深、著述的丰厚清正风靡全国，享誉海外，在中国古代文学史上占有显赫地位，是中华民族传统文化中的一座丰碑。

　　桐城派提倡学习先秦、两汉及唐宋八大家散文，讲究"义法"，主张"义理、考据、词章"三者并重，要求语言雅洁、文以载道，是清代极有影响的散文流派。

阅读鉴赏

　　本文无论在命题、立意、论证方法或语言风格上，都可以看出有模仿韩愈《师说》的痕迹。两文都劝说人们要虚心学习，要向各种人学习，但论述角度略有不同。《师说》着重从"师"的角度，强调"师"的重要性，劝人虚心"从师而问"要"学于师"；《问说》则着重从"问"的角度，强调"问"的重要性，主张"学必好问"。在语言风格上，两篇文章都很古朴。在句式运用上，两篇文章都注意整齐的排偶句与灵活的散文交错运用，奇偶互现，错落有致，以取得波澜起伏，气势雄壮的效果。作者先提出"君子之学必好问"的中心论点，接着辩证地分析"问"与"学"相辅而行的关系，再转而强调指出：好学一定要勤问。

思考寄语

　　君子学习必定喜爱问。"学"与"问"两者是相辅相成的。在学习的过程中发现问题，发现问题后依然要继续深入学习研究。作为学生一定要勇于问问题，要善于问问题，在学习过程中，要不懂就问。只有把自己的疑惑提出后，才能解决问题。

7 无 衣

诵读主体

　　岂曰无衣？与子同袍。王于兴师，修我戈矛。与子同仇！
　　岂曰无衣？与子同泽。王于兴师，修我矛戟。与子偕作！
　　岂曰无衣？与子同裳。王于兴师，修我甲兵。与子偕行！

知人论世

　　《秦风·无衣》是《诗经》中著名的爱国主义诗篇，它是秦地人民抗击西戎入侵者的军中战歌。在这种反侵略的战争中，秦国百姓表现出英勇无畏的尚武精神，也创造了这首充满爱国主义激情的慷慨战歌。

　　《秦风》是秦地的民歌。秦地，即如今的陕西中部、甘肃东部，秦人在商周时代与戎狄杂处，以养马闻名，以尚武著称。当时的秦人部落实行的是兵制，有点儿像民兵制，平民成年男子平时耕种放牧，战时上战场就是战士，武器与军装由自己准备。这种兵制在北方的少数民族中一直延续着，木兰的"东市买骏马，西市买鞍鞯，南市买辔头，北市买长鞭"，就是在自己置备装备。在当时，成年的秦国男子是自己有战袍、戈矛的，只要发生战事，拿起来就可以上战场了。

阅读鉴赏

译文：

谁说没战衣穿？与你同穿战袍。君王发兵去交战，修整我那戈与矛，与你共同对敌。

谁说没战衣穿？与你同穿内衫。君王发兵去交战，修整我那矛与戟，与你一起出发。

谁说没战衣穿？与你同穿战裙。君王发兵去交战，修整甲胄与兵器，杀敌与你共前进。

《秦风·无衣》是中国古代第一部诗歌总集《诗经》中的一首诗。这是一首激昂慷慨、同仇敌忾的战歌，表现了秦国军民团结互助、共御外侮的高昂士气和乐观精神。全诗风格矫健爽朗，采用了重章叠唱的形式，抒写将士们在大敌当前、兵临城下之际，以大局为重，与周王室保持一致，一听"王于兴师"，便磨刀擦枪，舞戈挥戟，奔赴前线共同杀敌的英雄主义气概和爱国主义精神。

思考寄语

《无衣》是一首表达爱国情感的诗篇。尤其是在面对战争，所有的士兵都愿共同穿一件战袍，一起对付敌人。这首诗向我们展示了战士们的不畏牺牲、团结一致、保家卫国的精神。这种精神值得赞美与发扬。

8 孝心无价

诵读主体

　　我不喜欢一个苦孩求学的故事。家庭十分困难，父亲逝去，弟妹嗷嗷待哺，可他大学毕业后，还要坚持读研究生，母亲只有去卖血……我认为那是一个自私的学子。求学的路很漫长，一生一世的事业，何必太在意几年蹉跎？况且这时间的分分秒秒都苦涩无比，需用母亲的鲜血灌溉！一个连母亲都无法挚爱的人，还能指望他会爱谁？把自己的利益放在至高无上位置的人，怎能成为为人类献身的大师？我也不喜欢父母重病在床，断然离去的游子，无论你有多少理由。地球离了谁都照样转动，不必将个人的力量夸大到不可思议的程度。在一位老人行将就木的时候，将他对人世间最后的期冀斩断，以绝望之心在寂寞中远行，那是对生命的大不敬。

　　我相信每一个赤诚忠厚的孩子，都曾在心底向父母许下"孝"的宏愿，相信来日方长，相信水到渠成，相信自己必有功成名就衣锦还乡的那一天，可以从容尽孝。

　　可惜人们忘了，忘了时间的残酷，忘了人生的短暂，忘了世上有永远无法报答的恩情，忘了生命本身有不堪一击的脆弱。

　　父母走了，带着对我们深深的挂念。父母走了，遗留给我们永无偿还的心情。你就永远无以言孝。

　　有一些事情，当我们年轻的时候，无法懂得。当我们懂得的时候，已不再年轻。世上有些东西可以弥补，有些东西永无弥补。

　　"孝"是稍纵即逝的眷恋，"孝"是无法重现的幸福。"孝"是一失足成千古恨的往事，"孝"是生命与生命交接处的链条，一旦断裂，永无连接。

　　赶快为你的父母尽一份孝心。也许是一处豪宅，也许是一片砖瓦。也许是大洋彼岸的一只鸿雁，也许是近在咫尺的一个口信。也许是一顶纯黑的博士帽，也许是作业簿上的一个红五分。也许是一桌山珍海味，也许是一只野果一朵小花。也许是花团锦簇的盛世华衣，也许是一双洁净的旧鞋。也许是数以万计的金钱，也许只是含着体温的一枚硬币……但"孝"的天平上，它们等值。

　　只是，天下的儿女们，一定要抓紧啊！趁你父母健在的光阴。

知人论世

　　节选自著名作家毕淑敏的散文集。毕淑敏，国家一级作家，出生于1952年，1969年入伍，在喜马拉雅山、冈底斯山、喀喇昆仑山交汇的西藏阿里高原部队当兵11年。历任卫生员、助理军医、军医等职，从事医学工作20年后，开始专业写作，1989年加入中国作家协会。其著有《毕淑敏文集》十二卷，长篇小说《红处方》《血玲珑》《女心理师》《鲜花手术》等畅销书。

阅读鉴赏

　　本文是一篇议论性的散文，语言朴素，情感真挚，把哲理性议论与形象化议论融为一体。

　　作者首先否定两种人，一是修业的苦孩，二是离家的游子。前者不顾家庭的难题，还要坚持读研究生，以致母亲不得不去卖血；后者在父母重病在床、行将就木的时刻，斩断父母最后的期冀，断然离家。由此引发出行孝这一平实而又深刻的话题。作者信赖天下每一个赤诚忠实的孩子，都曾在心底向父母许下"孝"的宏愿，但作者更向我们展现了一个残酷的现实：时间的流逝，将会带走行孝的机遇。

　　人生是短暂的，生命自己也有不堪一击的时候；也许当我们功成名就衣锦还乡时，父母带着对我们深深的牵挂已经远离了人世……等到那一刻，我们将永远无以言孝。

　　在文章的最后作者强烈呼吁，赶快为自己的父母尽一份孝心。只要是向父母献上一份孝心，无论用什么方式来回报，无论这种方式是丰盛还是微薄，那么这种情绪都是无比珍贵和美妙的。

　　作者用确切而真实的语句警械天下的后代：抓紧时间尽孝，趁父母健在的岁月。毕淑敏的这篇《孝心无价》从多个方面来论述了爱的真正内在，孝道乃中华之优良传统，不仅仅体现了要爱老人，爱自己，还要爱我们的下一代，即是爱老、爱我、爱幼的综合体现。只有这样才能将孝心无价真正体现出来并继续下去。

　　孝不分贵贱，并不是赠予父母钱财就是孝顺，因为他缺少欢笑，缺少亲切，缺少乐趣。追逐名利，衣锦还乡当然也不是真正的孝顺。而什么是孝呢？孝其实很简单，它拒绝等待，等待只会让它增添岁月的伤痕。孝是随时随地的，他也许是几句贴心的话语；也许是身边陪伴的身影；也许是从远方寄来的信笺；甚至只是让父母对你放心，生活安心。

　　孝并不是一个物件，它是一种珍贵而又美好的感情。它充满了儿女对父母的养育之恩和感恩之心。孝特别简单，无论是用什么方式，只要让父母安心，幸福，温暖或者是高兴，其实都是孝。等我长大了知道要孝顺父母亲的时候，父母也已经老了。如果我们不怀以感恩之心去孝敬他们，等他们永远地离我们而去的时候，留给我们的不只是思念，还有谴责。所以，"孝是生命与生命交接处的链条，一旦断裂，永无连接"。而为什么孝心无价呢？因为我们为父母做的每一件事情，不受形式的束缚，他们都会成为父母心中一生的财富，这种财富不能以金钱来衡量。所以，孝心无价！孝敬父母不在明日，就在今天，让我们从今天做起，孝敬我们的父母，与他们共度美好的每一天！

9 游褒禅山记（节选）

诵读主体

古人之观于天地、山川、草木、虫鱼、鸟兽，往往有得，以其求思之深而无不在也。夫夷以近，则游者众；险以远，则至者少。而世之奇伟、瑰怪、非常之观，常在于险远，而人之所罕至焉，故非有志者不能至也。有志矣，不随以止也，然力不足者，亦不能至也。有志与力，而又不随以怠，至于幽暗昏惑而无物以相之，亦不能至也。然力足以至焉，于人为可讥，而在己为有悔；尽吾志也而不能至者，可以无悔矣，其孰能讥之乎？此余之所得也。

知人论世

王安石（1021—1086），字介甫，号半山，抚州临川（今江西省抚州市）人。北宋时期政治家、文学家、思想家、改革家。庆历二年（1042），王安石进士及第。历任扬州签判、鄞县知县、舒州通判等职，政绩显著。熙宁二年（1069），被宋神宗升为参知政事，次年拜相，主持变法。因守旧派反对，熙宁七年（1074）罢相。一年后，被神宗再次起用，旋即又罢相，退居江宁。元祐元年（1086），保守派得势，新法皆废，王安石郁然病逝于钟山，享年六十六岁。累赠为太傅、舒王，谥号"文"，世称王文公。

作者叙述他和几位同伴游褒禅山所见到的景物，以及游山经过，并以此为喻，说明要实现大理想，在研究学问上要"深思而慎取"。

阅读鉴赏

译文：

古人观察天地、山川、草木、虫鱼、鸟兽，往往有所得益，是因为他们探究、思考深邃而且广泛。平坦而又近的地方，前来游览的人便多；危险而又远的地方，前来游览的人便少。但是世上奇妙雄伟、珍异奇特、非同寻常的景观，常常在那险阻、僻远少有人至的地方，所以，不是有意志的人是不能到达的。虽然有了志气，也不盲从别人而停止，但是体力不足的，也不能到达。有了志气与体力，也不盲从别人、有所懈怠，但到了那幽深昏暗而使人感到模糊迷惑的地方却没有必要的物件来支持，也不能到达。可是，力量足以达到目的而未能达到，在别人看来是可以讥笑的，在自己来说也是有所悔恨的；尽了自己的主观努力而未能到达，便可以无所悔恨，这难道谁还能讥笑吗？这就是我这次游山的收获。

该文是王安石在辞职回家的归途中游览了褒禅山后，以追忆形式写下的一篇游记。该篇游记因事见理，夹叙夹议，其中阐述的诸多思想，不仅在当时难能可贵，在当今社会也具有极其深远的现实意义。

行文先从古人的行事说起，而后又回到游览风物上来，加以发挥议论。就古人来说，他们观察天地、山川、草木、虫鱼、鸟兽，往往都有所得，这是因为他们对事物观察思索得深切，而没有探索不到的地方。作者称引古人，是为了借古鉴今。不言而喻，今人行事，要想有所收益，也必须具有古人那种探索的精神。

本文的写作技巧也是比较高明的。既然本文的重点不在记游，而在写游览中的心得体会，所以在材料的取舍上，行文的组织安排上，是颇费一番切磋琢磨之功的。作者在记游中，处处为写心得体会搭桥铺路，使记游与心得体会十分和谐自然地结合起来。

思考寄语

有关"志、力、物"的观点，用今天的话说就是要实现自己的人生理想，首先，要有坚强的意志力，"有志者事竟成"。其次，还要考虑自己的实力，如果力不从心，即使有坚强的意志力，愿望也会落空；而客观存在的种种物质条件也不可或缺。成功者必定在"志、力、物"三方面相辅相成。游览"世之奇伟瑰怪之观"是这样，做人做事，实现自己的人生目标、理想又何尝不是这样？

因此，我们在做事时，要有自己的判断力，有信念，坚持自己的方向，有卓越的意志力，坚忍不拔，并怀有一颗不达目的誓不罢休之心。另外，我们还要在生活中不断学习，增加知识储备，任何时候，实力都是第一位的，看似无法把握的客观环境，如果我们发挥自己的主观能动性，在适当的时候做适当的事，那么我们也会为自己挣得更多成功的可能。

10 知北游

诵读主体

　　天地有大美而不言，四时有明法而不议，万物有成理而不说。圣人者，原天地之美而达万物之理，是故至人无为，大圣不作，观于天地之谓也。

　　今彼神明至精，与彼百化。物已死生方圆，莫知其根也。扁然而万物，自古以固存。六合为巨，未离其内；秋豪为小，待之成体；天下莫不沈浮，终身不故；阴阳四时运行，各得其序。惛然若亡而存，油然不形而神，万物畜而不知。此之谓本根，可以观于天矣。

知人论世

　　庄子（前369—前286），姓庄名周，字子休，战国中期思想家、哲学家、文学家，中国古代道家学派集大成者，老子哲学思想的继承者和发展者，与老子并称"老庄"。

　　庄子因崇尚自由而不应楚威王之聘，仅担任过宋国地方的漆园吏，史称"漆园傲吏"，被誉为地方官吏之楷模。他最早提出的"内圣外王"思想对儒家影响深远。他洞悉易理，指出"《易》以道阴阳"，其"三籁"思想与《易经》三才之道相合。其文章想象丰富奇特，语言运用自如，灵活多变，能把微妙难言的哲理说得引人入胜，被称为"文学的哲学，哲学的文学"。其作品收录于《庄子》一书，代表作有《逍遥游》《齐物论》《养生主》等。

阅读鉴赏

译文：

　　天地有最大的美德，是沉默无言的，一年四季有明确的规律，然而它却从不议论，万物有它固定的道理，然而它却不加解释。圣人正是通过推究天地的美德而知晓了万物生成的道理。所以，思想境界最高的人，只是模仿天象自然无为，大圣人也从不要创造什么，如此说来他是通过观察天地大道而明白了这一切。

　　综合起来看，那神明般的大道是极其精微玄妙的，它参与了天地成物的无穷变化；有形的事物总是处于不断地产生和消亡的过程之中，不管它在形态上怎样作有序的变化，我们还是没有办法知道它的根本性质和最终原因；因为天地万物似乎是自古以来就如此这般的普遍存在着。四方上下的六合三维空间虽然如此地巨大，还是没有超出大道之外；秋毫虽小，仍然要靠道的作用才能形成自己的形体。天下万事万物无不在升降往来地变化着，但作为整体它却永远是生机勃勃的，不会因固定而衰变；暑往寒来，四时运行，它们都有自己固定的自然秩序；大道虽然无形无象，看起来好像并不存在，实际上却是根本性的存在，只不过它是通过时间性自然有序的变化来表现自己，它没有形状，因而显得神妙莫测，万事万物都因为它的畜养而存在，但却一概地不自知。我们把大道的这种存在性称为"根本性的存在"，人们可以通过观察天地万物运动变化来证明这种存在。

选文选自《庄子·外篇·知北游》。《知北游》是《庄子》"外篇"中最后一篇，以篇首的三个字作为篇名。"知"是寓托的人名，"北游"指向北方游历。在传统的哲学体系中，北方被叫作"玄"，"玄"指昏暗、幽远，因此"北方"就是所谓不可知的地方。选文认为"道"是不可知的，因此《知北游》开篇便预示了主题。内容主要是一方面指出了宇宙的本原和本性，另一方面也论述了人对于宇宙和外在事物应取的认识与态度。

《知北游》在"外篇"中具有重要地位，对于了解《庄子》的哲学思想体系也较为重要。文中所说的"道"是指对于宇宙万物的本原和本性的基本认识。文中认为"道"具有整体性，无处不在但又不存在具体形象，贯穿于万物变化的始终；认为生与死、长与短、明与暗等都具有相对性，既是对立的，又是相生、相互转化的。但基于宇宙万物的整体性和同一性认识，又认为"道"是不可知的，主张无为，顺其自然，一切都有其自身的规律，不可改变，也不必去加以改变。

《知北游》共自然分成十一个部分，全文结构奇特，看起来并不严密，常常突兀而来，汪洋恣肆，变化无端，但思想却能一线贯穿。句式也富于变化，或顺或倒，或长或短，加之词汇丰富，又常常不规则押韵，显得极富表现力，极有独创性。本文选自第二部分，主要提出"至人无为，大圣不作"，一切"观于天地"的主张，即一切顺其自然。

思考寄语

《庄子》一书内容丰富，博大精深，其思想内容主要有以下几个方面：全生保身，逍遥无为；与道为一，无为而治。而"至人无为，大圣不作，观于天地之谓也"告诫人们要时时保留一种谨慎的敬畏态度处理人与自然、人与社会的关系，凸显了华夏先哲高境界的大真大善、大仁大智，堪称中华民族珍贵的精神财富。

11 朱子治家格言

诵读主体

黎明即起，洒扫庭除，要内外整洁；既昏便息，关锁门户，必亲自检点。一粥一饭，当思来处不易；半丝半缕，恒念物力维艰。宜未雨而绸缪，毋临渴而掘井。自奉必须俭约，宴客切勿流连。器具质而洁，瓦缶胜金玉；饮食约而精，园蔬愈珍馐。勿营华屋，勿谋良田。与肩挑贸易，勿占便宜；见贫苦亲邻，须多温恤。刻薄成家，理无久享；伦常乖舛，立见消亡。兄弟叔侄，须多分润寡；长幼内外，宜法肃辞严。听妇言，乖骨肉，岂是丈夫；重资财，薄父母，不成人子。嫁女择佳婿，毋索重聘；娶媳求淑女，毋计厚奁。见富贵而生谄容者，最可耻；遇贫穷而作骄态者，贱莫甚。居家戒争讼，讼则终凶；处世戒多言，言多必失。毋恃势力而凌逼孤寡，勿贪口腹而恣杀生禽。乖僻自是，悔误必多；颓惰自甘，家道难成。狎昵恶少，久必受其累；屈志老成，急则可相依。轻听发言，安知非人之谮诉，当忍耐三思；因事相争，焉知非我之不是，须平心暗想。施惠勿念，受恩莫忘。凡事当留余地，得意不宜再往。人有喜庆，不可生妒忌心；人有祸患，不可生喜幸心。善欲人见，不是真善；恶恐人知，便是大恶。见色而起淫心，报在妻女；匿怨而用暗箭，祸延子孙。家门和顺，虽饔飧不继，亦有余欢；国课早完，即囊橐无余，自得至乐。读书志在圣贤，非徒科第；为官心存君国，岂计身家。守分安命，顺时听天。为人若此，庶乎近焉。

知人论世

朱用纯（1627—1698），字致一，号柏庐，生活于明末清初，今江苏昆山市人。著名理学家、教育家。明诸生，入清隐居教读，居乡教授学生，潜心治学，以程朱理学为本，提倡知行并进，躬行实践。他深感当时的教育方法使学生难以学到真实的学问，故写了《辍讲语》，反躬自责，语颇痛切。曾用精楷手写数十本教材用于教学。生平精神宁谧，严以律己，对当时愿和他交往的官吏、豪绅，以礼自持，刚正不阿。

朱用纯始终未入仕，一生教授乡里，向学者授以《小学》《近思录》等。潜心研究程朱理学，主张知行并进，躬行实践。康熙间坚辞博学鸿词之荐，与徐枋、杨无咎号称"吴中三高士"。康熙三十七年染疾，临别前嘱弟子："学问在性命，事业在忠孝。"

著有《删补易经蒙引》《四书讲义》《春秋五传酌解》《困衡录》《愧讷集》《毋欺录》《治家格言》（又称《朱子家训》）等。

阅读鉴赏

《朱子治家格言》又称《朱子家训》，与宋朝朱熹的《朱子家训》是不同的，应该分清楚。历代士大夫把其称为"治家之经"，是以家庭道德为主的重要启蒙教材。《朱子治家格言》是一篇家教名著，其中许多内容继承了中国传统文化的优秀特点，至今广为流传。我们能从其中懂得尊敬师长、勤俭持家、公平厚道等道理。

《朱子家训》通篇对偶，一气呵成，意在劝人要勤俭持家、安分守己等，弘扬了中国几千年来的道德教育思想，以名言警句的形式表达出来。既可以口头传训，也可以写成对联条幅挂在大门、厅堂和居室，还可以作为治理家庭和教育子女的座右铭。

思考寄语

无论是"一粥一饭，当思来处不易"，还是"半丝半缕，恒念物力维艰"，我们都要懂得古人传递的道理。作为当代中职生，我们不仅要学习文化还要懂得中华传统美德。诵读经典，反复吟诵，铭记于心。《朱子治家格言》让人念念不忘，在人心浮躁的现代社会，每个家庭都应该来读一读这篇文章。修身、齐家、治国、平天下，必躬行之。

致福成义 礼达四方

12 论语·里仁（节选）

诵读主体

子曰："里仁为美。择不处仁，焉得知？

子曰："苟志于仁矣，无恶也。

子曰："人之过也，各于其党。观过，斯知仁矣。"

子曰："能以礼让为国乎，何有？不能以礼让为国，如礼何？"

子曰："不患无位，患所以立。不患莫己知，求为可知也。

子曰："君子喻于义，小人喻于利。"

子曰："父母在，不远游，游必有方。"

知人论世

孔子（前551—前479），子姓，孔氏，名丘，字仲尼，鲁国陬邑（今山东省曲阜市）人，祖籍宋国栗邑（今河南省夏邑县），中国古代思想家、政治家、教育家，儒家学派创始人、"大成至圣先师"。

孔子开创私人讲学之风，倡导仁义礼智信。有弟子三千，其中贤人七十二。曾带领部分弟子周游列国十四年，晚年修订六经（《诗》《书》《礼》《乐》《易》《春秋》）。去世后，其弟子及再传弟子把孔子及其弟子的言行语录和思想记录下来，整理编成《论语》。

《论语》被奉为儒家经典。孔子是当时社会上最博学者之一，在世时就被尊奉为"天纵之圣""天之木铎"，更被后世统治者尊为孔圣人、至圣、至圣先师、大成至圣文宜王先师、万世师表。其思想对中国和世界都有深远的影响，其人被列为"世界十大文化名人"之首。随着孔子影响力的扩大，祭祀孔子的"祭孔大典"一度成为和中国祖先神祭祀同等级别的大祀。

阅读鉴赏

译文：

孔子说："居住在有仁风的地方才好。选择住处，不居住在有仁风的地方，怎能说是明智呢？"

孔子说："如果立志追求仁德，就不会去做坏事。"

孔子说："人们所犯的错误，类型不一。所以观察一个人所犯错误的性质，就可以知道他的为人。"

孔子说："能用礼让的原则来治理国家吗？难道这有什么困难吗？如果不能用礼让的原则来治理国家，又怎么能实行礼制呢？"

孔子说："不愁没有职位，只愁没有足以胜任职务的本领。不愁没人知道自己，应该追求能使别人知道自己的本领。"

孔子说："君子懂得大义，小人只懂得小利。"

孔子说："父母活着的时，子女不远游外地；即使出远门，也必须要有一定的去处。"

在《论语·里仁》中，孔子主张外部环境对人的影响很重要。孔子认为，一个人的道德修养，与外部的人文环境有密切关系。古人说："近朱者赤，近墨者黑"，一定程度上，环境改变人，只有与德行高尚的人在一起，才能在耳濡目染中培养出高尚的道德修养。其实，这里面的道理非常简单，若是你想像雄鹰一样翱翔于天际，那你就得和群鹰为伍，不要落入鸡窝安享太平；若是你想变得更加聪明一些，就得多和聪明的人在一起；如果你想成为一个道德高尚的人，就应多接触那些有仁德的人。

"不患无位，患所以立。不患莫己知，求为可知也。"很多人会感叹自己怀才不遇，但很多时候，人们习惯于高估自己，埋怨遇不到伯乐。所以，孔子说，不要担心没职位、没地位，应该担心自己是否有担当这个职位的德行和能力。如果你有足够的修养和才能，自然会有机会发挥所长这就是所谓的"桃李不言，下自成蹊"。如果没这个德行和能力，把你放到那个职位上，对谁都不利。

思考寄语

"君子喻于义，小人喻于利"这是告诉我们，君子和小人的区别在于小人一味地追求个人利益，而君子在追求个人利益之前，会先考虑所得是否合乎道义，这种义利观在中国历史上有着深远的影响。

13 尊师（节选）

诵读主体

　　神农师悉诸，黄帝师大挠……吴王阖闾师伍子胥、文之仪，越王勾践师范蠡、大夫种。圣贤者，未有不尊师者也。今尊不至于帝，智不至于圣，而欲无尊师，奚由至哉？此五帝之所以绝，三代之所以灭。

　　且天生人也，而使其耳可以闻，不学，其闻不若聋；使其目可以见，不学，其见不若盲；使其口可以言，不学，其言不若爽；使其心可以知，不学，其知不若狂。故凡学，非能益也，达天性也。能全天之所生而勿败之，是谓善学。

　　……

　　故子贡问孔子曰："后世将何以称夫子？"孔子曰："吾何足以称哉？勿已者，则好学而不厌，好教而不倦，其惟此邪！"天子入太学祭先圣，则齿①尝为师者弗臣，所以见敬学与尊师也。

　　注释： ①齿：排列。

知人论世

　　《吕氏春秋》是战国末年（公元前239年前后）秦国丞相吕不韦组织属下门客们集体编撰的杂家（儒、法、道等等）著作，又名《吕览》。此书共分为十二纪、八览、六论，共十二卷，一百六十篇，二十余万字。吕不韦自己认为其中包括了天地万物古往今来的事理，所以号称《吕氏春秋》。

阅读鉴赏

　　译文：

　　神农以悉诸为师，黄帝以大挠为师……吴王阖闾以伍子胥、文之仪为师，越王勾践以范蠡、大夫文种为师。圣人贤者没有不尊重老师的。如今，（人们）地位的尊贵没有达到帝王，才智没有达到圣人，却想不尊奉老师，（那）通过什么能达到（帝王圣人的境界）呢？这就是五帝废绝、三代灭绝的原因。

　　况且上天造就人，使人的耳朵可以听见，（如果）不学习，人耳朵能听见还不如耳聋（听不见）；使人的眼睛可以看见，（如果）不学习，人眼睛能看见还不如眼瞎（看不见）；使人的嘴可以说话，（如果）不学习，人嘴能说话还不如口里有病说不出话；使人的心可以认知事物，（如果）不学习，人心能认知还不如狂乱（无知）。因此凡是学习，不是能增加（什么），而是（使人）通达天性。能够保全上天赋予人的（天性）而不使它受到伤害，这叫作善于学习。

所以子贡问孔子说："后代将用什么称赞您呢？"孔子说："我哪里值得称赞呢？（如果）不停止（一定要说）的话，（那）就是喜好学习而不满足，喜好教诲（他人）而不知疲倦，大概只是这些吧！"天子进入太学祭祀先代圣人，与曾经当过（自己）老师的人并排站立，不把（他们）当作臣子看待，这是用来表尊敬重学习和尊重老师（的做法）啊。

因此，教育，是大义；学习，是大智慧。大义没有比使他人获得利益（更）大的，使人获得利益没有什么能比教育（更）大的。大智慧没有比修养身心（更）大的，修养身心没有比学习（更）大的。自身的修养完成了，那么做儿子的不用支使就孝顺了，做臣子的不用命令就忠诚了，做君主的不用勉强就公正了，拥有最有利形势的人就可以做天下的君主了。

思考寄语

尊师敬长一直是中华民族传统美德，韩愈的《师说》在开篇就点明观点："古之学者必有师。"宋朝时，有个读书人叫杨时，他非常尊敬老师。有一个下雪天，杨时去找程颐请教一个问题。他到了程颐家里，听说程颐正在睡午觉，便一声不响地等着。过了好久，程颐醒了，才知道杨时已经等了好久，赶忙起来同他议论问题。这时候，门外的雪已经积得很厚了。如今，程门立雪在当今社会不多见了，但是我们仍然要对自己的老师、长辈尊敬有加，善于向他们学习请教。

14 迢迢牵牛星

诵读主体

迢迢牵牛星，皎皎河汉女。

纤纤擢素手，札札弄机杼。

终日不成章，泣涕零如雨。

河汉清且浅，相去复几许？

盈盈一水间，脉脉不得语。

知人论世

《迢迢牵牛星》选自《文选》中《古诗十九首》第十首。《古诗十九首》是东汉末年一批文人诗作的选集。最早载于梁代萧统编的《文选》。这十九首诗没有题目，一般都采用第一句话作为题目。

阅读鉴赏

译文：

在银河东南牵牛星遥遥可见，在银河西面织女星明亮皎洁。织女正摆动柔美雪白的双手，织布机札札响个不停。一整天也织不成布，哭得泪如雨下。河汉又清又浅，相隔又有多远呢？只隔一条又清又浅的河，含情脉脉而不能相互说话。

本诗无一字提及相思，而相思跃于纸上，借写织女隔着银河遥望牵牛的愁苦心情，实际上是比喻思妇与游子相思，抒发人间别离之感。叠词"迢迢""皎皎""纤纤""盈盈""脉脉"等叠词的使用，显得韵味深长，流露出哀怨和谐的感情，使诗歌的形象生动，增添了诗歌的音韵美。同时，深深流露的是对美好人生与理想的憧憬，是对这种人生与理想不能实现的喟叹，是一种可望而不可即的悲凉。

刘勰《文心雕龙》评价"五言之冠冕"，钟嵘《诗品》评价"天衣无缝，一字千金"，历代文人经常把《古诗十九首》奉为五言抒情诗的典范。对于个人情感的表达，古人向来以含蓄为美，在漫长的历史文化积淀中，形成了中国人的典型性格特征。

15 陈太丘与友期行

诵读主体

陈太丘与友期行，期日中。过中不至，太丘舍去，去后乃至。元方时年七岁，门外戏。客问元方："尊君在不？"答曰："待君久不至，已去。"友人便怒曰："非人哉！与人期行，相委而去。"元方曰："君与家君期日中。日中不至，则是无信；对子骂父，则是无礼。"友人惭，下车引之。元方入门不顾。

知人论世

刘义庆（403—444）汉族，彭城（今江苏徐州）人。字季伯，南北朝文学家。自幼才华出众，爱好文学，并广招四方文学之士，聚于门下。刘宋宗室，袭封临川王，公元444年（元嘉二十一年）死于建康（今南京）。除《世说新语》外，还著有志怪小说《幽明录》。

阅读鉴赏

译文：

陈太丘和朋友相约出行，约定在中午。过了中午还没到，陈太丘不再等候他而离开了，陈太丘离开后朋友才到。元方当时年七岁，在门外玩耍。朋友问元方：

"你的父亲在吗?"(元方)回答道:"等了您很久您却还没有到,现在已经离开了。"朋友便生气地说道:"真不是君子啊!和别人相约同行,却丢下别人先离开了。"元方说:"您与我父亲约在正午。正午您没到,就是不讲信用;对着孩子骂父亲,就是没有礼貌。"朋友惭愧,下了车想去拉元方的手。元方头也不回地走进家门。

　　本文讲的是"信"和"礼"。陈太丘与友人相约,友人失信,没按时来,陈太丘就走了。友人对此不但不自责,反而辱骂陈太丘无信、"非人"。元方是怎样面对的呢?首先,他提出什么是"无信","君与家君期日中,日中不至",是谁无信呢?话说在点子上,友人无言以对。其次,当着儿子骂他的父亲,这又是失礼。简短两句话,使友人惭愧得下车来拉他。文章赞扬小元方明礼又善言,也肯定了友人知错能改的正确态度。

思考寄语

　　本文言简意赅,生动地刻画了三个鲜明的人物形象。陈太丘之友:急躁,无信,无礼,不善自省,但是知错能改;元方:正直,机智,率真;元方父:守时守约,做事干脆利落。

　　这是一个很有教育意义的故事,强调了为人处世要讲究诚信。年仅七岁的元方也懂得诚信交友的道理。春秋时期孔子也认为诚信就好像大车上安横木的輗,小车子上安横木的軏,如果没有了輗和軏是不能行走的。在我们的学习、工作与生活中,要讲究诚信,做一个言而有信的人。

16 君子有礼

君子的种种思想品德，需要形之于约定俗成的行为规范，这便是礼。由礼构成仪式，便是礼仪。精神需要赋形，人格需要可感，君子需要姿态。这不仅仅是一个"从里到外"的过程，而且也能产生"从外到里"的反馈。那就是说，当外形一旦建立，长期身体力行，又可以反过来加固精神，提升人格。

对外来说，"君子之德风"，君子的品德需要传播。而在传播渠道稀少、文本教育缺乏的古代，有效传播的主要媒介，就是君子本身的行为方式。因此，君子的礼仪，具有空间和时间上的扩展使命。

正因为这样，历代君子没有不讲究礼仪的。中国也由此而被称为"礼仪之邦"。

普普通通的人，有礼上身，就显出高贵。而这种高贵是有对象的，既尊敬人，又传染人。这个意思，就是《左传》上的一段话：

君子贵其身而后能及人，是以有礼。（《左传·昭公二十五年》）

一个君子，如果对偶然相遇的陌生人也表示出尊敬，那么，这种尊敬也就独具价值。因此，我常常在彼此陌生的公共空间发现真君子。一旦发现，就会驻足良久，凝神注视：正是他们对陌生人的尊敬，换来了我对他们的尊敬。

在这里，互敬成为一种互馈关系，双向流动。公共空间的无限魅力，也由此而生。这种互馈关系，孟子说得最明白：

敬人者，人恒敬之。（《孟子·离娄下》）

所谓"礼之端"，就是礼的起点。为什么辞让能成为起点？因为世界太拥挤，欲望太密集，纷争太容易。唯有后退一步，才会给他人留出空间。敬，也从后退一步开始。

辞让，是对自己的节制。一人的节制也能做出榜样，防止他人的种种不节制。这是《礼记》说过的意思：

礼者，因人之情而为之节文，以为民坊者也。（《礼记·坊记》）

这个"坊"字，古时候与"防"相通。这句话用我的语气来说是这样的：什么是礼？对人的性情加以节制，从而对民间作出防范性的示范。

　　说得有点绕。一切还是要回到孔子。在孔子看来，为什么要礼？为什么要敬？为什么要让？都是为了一个目的：和。君子之贵，无非是求人和、世和、心和。他用简洁的六个字来概括：

　　礼之用，和为贵。（《论语·学而》）

　　那也就形成了一个逻辑程序：行为上的"敬""让"，构成个人之"礼"，然后达成人间之"和"。揭示了结论，我还要作一个重要补充：君子有了礼，才会有风度，才会有魅力，才会美。正是谦恭辞让之礼，使君子神采无限。这是中华民族理想人格的最佳标识，也是东方人文美学的最佳归结。

　　为此，我很赞赏荀子把"礼"和"美"连在一起的做法。他在《礼论》里为"礼"下了一个定义，说是"达爱敬之文而滋成行义之美者也"。这个定义告诉我们，在设计"礼"的时候，不管是个人之礼还是集体礼仪，都必须文，必须美。

　　再谦恭，再辞让，如果以拉拉扯扯、推推搡搡、大呼小叫、卑躬屈膝、装腔作势的方式呈现出来，那也不是我们所要的礼。君子之礼，与美同在。

知人论世

　　本文是余秋雨散文随笔集，以"君子之道"为入口来讲述中华文化。剖析君子，歌颂君子，褒奖传统。一个民族的观念文化熏陶其后代，形成特定的思维特点，并且由此而发文明类型。

　　余秋雨，1946年8月生，浙江人，代表作《中国戏剧史》《观众心理学》《文化苦旅》等。

阅读鉴赏

　　"君子"，是中国人最独特的文化标识。世界上的其他民族，在集体人格上都有自己的文化标识。除了国外的绅士、骑士、浪人等。这些标识性的集体人格，互相之间有着巨大的区别，是很难学习和模仿的。这是因为，所有的集体人格，各有自己的"故乡"。

　　君子之道在外在形态上，一是君子坦荡荡，为国家为他人；而小人长戚戚，整天琢磨人，总以为危险潜伏在四周，小人一生都会非常苦恼的。二是君子有礼，一个单位、一个人都要建立简单易行的礼节，比如孝道是每个人必须做到的礼仪，又是从小的文明训练，懂得敬让，从家庭放大到社会，就成为合格的公民。余秋雨提到，君子之道的阀门是有耻，要做到知耻和不耻，不耻比知耻更进一层，有羞耻之感就成君子之道了。

17 恻隐之心，人皆有之

诵读主体

公都子①曰："告子曰：'性无善无不善也。'或曰：'性可以为善，可以为不善；是故文武兴，则民好善；幽厉兴，则民好暴。'或曰：'有性善，有性不善。是故以尧为君而有象②，以瞽瞍③为父而有舜，以纣为兄之子，且以为君，而有微子启、王子比干。'今曰'性善'，然则被皆非与？"

孟子曰："乃若④其情⑤，则可以为善矣，乃所谓善也。若夫为不善，非才⑥之罪也。恻隐之心，人皆有之；羞恶之心，人皆有之；恭敬之心，人皆有之；是非之心，人皆有之。恻隐之心，仁也；羞恶之心，义也；恭敬之心，礼也；是非之心，智也。仁义礼智，非由外铄⑦我也，我固有之也，弗思耳矣。故曰：'求则得之，舍则失之。'或相倍蓰⑧而无算者，不能尽其才者也。《诗》曰：'天生蒸民，有物有则。民之秉彝，好是懿德⑨。'孔子曰：'为此诗者，其知道乎！故有物必有则；民之秉彝也，故好是懿德。'"

① 公都子：孟子的学生。

② 象：舜的异母弟，品行不善。

③ 瞽（gǔ）瞍（sǒu）：舜的父亲，品行不善。

④ 乃若：转折连词，大致相当于"至于"等。

⑤ 情：指天生的性情。

⑥ 才：指天生的资质。

⑦ 铄（shuò）：授予。

⑧ 蓰（xǐ）：五倍。

⑨《诗》曰：引自《诗经·大雅·蒸民》。蒸，众；则，法则；秉，执；彝，常；懿，美。

知人论世

　　孟子（前372年—前289年），名轲，字子舆。战国时期邹国人，鲁国孟孙氏后裔。中国古代著名思想家、教育家，战国时期儒家学派代表人物。著有《孟子》一书。孟子继承并发扬了孔子的思想，成为仅次于孔子的一代儒家宗师，有"亚圣"之称，与孔子合称为"孔孟"。《孟子》一书是孟子的言论汇编，由孟子及其弟子及其再传弟子共同编写而成，记录了孟子的语言、政治观点和政治行动，属儒家经典著作。其学说出发点为性善论，提出"仁政""王道"，主张德治。

阅读鉴赏

　　译文：

　　公都子说："告子说：'人性无所谓善良不善良。'又有人说：'人性可以使它善良，也可以使它不善良。所以周文王、周武王当朝，老百姓就善良；周幽王、周厉王当朝，老百姓就横暴。'也有人说：'有的人本性善良，有的人本性不善良。所以虽然有尧这样善良的人做天子却有像这样不善良的臣民；虽然有瞽瞍这样不善良的父亲却有舜这样善良的儿子；虽然有殷纣王这样不善良的侄儿，并且做了天子，却也有微子启、王子比干这样善良的长辈和贤臣。'如今说'人性本善'，那么他们都说错了吗？"

　　孟子说："从天生的性情来说，都可以使之善良，这就是我说人性本善的意思。至于说有些人不善良，那不能归罪于天生的资质。同情心，人人都有；羞耻心，人人都有；恭敬心，人人都有；是非心，人人都有。同情心属于仁；羞耻心属于义；恭敬心属于礼；是非心属于智。这仁义礼智都不是由外在的因素加给我的，而是我本身固有的，只不过平时没有去想它因而不觉得罢了。所以说：'探求就可以得到，放弃便会失去。'人与人之间有相差一倍、五倍甚至无数倍的，正是由于没有充分发挥他们的天生资质的缘故。《诗经》说：'上天生育了人类，万事万物都有法则。老百姓掌握了这些法则，就会崇尚美好的品德。'孔子说：'写这首诗的人真懂得道哇！有事物就一定有法则；老百姓掌握了这些法则，所以崇尚美好的品德。'"

所谓"恻隐之心"，就是对他人的急难困苦有着本能的"不能忍受"，也就是同情怜悯之心。孟子提出，人心有"四端"，"四端"是指：恻隐之心，仁之端也；羞恶之心，义之端也；辞让之心，礼之端也；是非之心，智之端也。孟子认为恻隐、羞恶、辞让、是非四种情感是仁义礼智的萌芽，仁义礼智即来自这四种情感，故称四端。作为四端之首，也是孟子提出的"性善论"的道德构成。

思考寄语

我们要常怀怜悯之心，要能够与世界共情，力所能及地帮助别人，会让自己有一种心灵的满足感和踏实感。

18 墨萱图·其一

诵读主体

灿灿萱草花，罗生北堂下。
南风吹其心，摇摇为谁吐？
慈母倚门情，游子行路苦。
甘旨日以疏，音问日以阻。
举头望云林，愧听慧鸟语。

知人论世

王冕（1310年—1359年），字元章，号煮石山农，亦号食中翁、梅花屋主等，浙江省绍兴市诸暨枫桥人，元朝著名画家、诗人、篆刻家。他出身贫寒，幼年替人放牛，靠自学成才。有《竹斋集》3卷，续集2卷。一生爱好梅花，种梅、咏梅，又攻画梅。所画梅花花密枝繁，生意盎然，劲健有力，对后世影响较大。存世画迹有《南枝春早图》《墨梅图》《三君子图》等。能治印，创用花乳石刻印章，《明史》有传。

阅读鉴赏

译文：

灿灿的萱草花，生在北堂之下。南风吹着萱草，摇摆着是为了谁吐露着芬芳？慈祥的母亲倚着门盼望着孩子，远行的游子是那样的苦哇！对双亲的奉养每天都在疏远，孩子的音讯每天都不能传到。抬头看着一片云林，听到慧鸟的叫声思念起来至此很是惭愧。

王冕出身在一个贫寒家庭，但是他自由好学，白天放牛，晚上偷偷读书，他生性孤傲，鄙视权贵，多次拒绝做官，爱好田园生活，四处游历。从这首诗中我们也能看出来王冕心思细腻、柔情的一面。

思考寄语

萱草花又名忘忧草，这里用来作为赞颂母爱的寄托从古至今，母爱一直被赞颂，俗话说，女本柔弱，为母则刚。"母亲"一词被赋予太多的代名词。当儿女成年之后，在外打拼，母亲永远是最牵挂你的那个人。树欲静而风不止，子欲养而亲不待，希望每个人能够对母亲或者其他家人表现出我们的关心与爱。

19 奉赠韦左丞丈二十二韵

诵读主体

纨绔不饿死，儒冠多误身。

丈人试静听，贱子请具陈。

甫昔少年日，早充观国宾。

读书破万卷，下笔如有神。

赋料扬雄敌，诗看子建亲。

李邕求识面，王翰愿卜邻。

自谓颇挺出，立登要路津。

致君尧舜上，再使风俗淳。

知人论世

杜甫（712—770），字子美，自称少陵野老，河南巩义市人，伟大的现实主义诗人。唐肃宗时，官左拾遗，后入蜀，友人严武推荐他做剑南节度府参谋，加检校工部员外郎，故后世又称他杜拾遗、杜工部。杜甫一生写诗一千四百多首，其诗显示了唐由盛转衰的历史过程，被称为"诗史"。以古体、律诗见长，风格多样，而以沉郁顿挫为主。

阅读鉴赏

译文：

富家的子弟不会饿死，清寒的读书人大多贻误自身。韦大人你可以静静地细听，我把自己的往事向你直陈。我在少年时候，早就充当参观王都的来宾。先后读熟万卷书籍，写起文章，下笔敏捷好像有神。我的辞赋能与扬雄匹敌，我的诗篇可跟曹植相近。李邕寻求机会要和我见面，王翰愿意与我结为近邻。自以为是一个超异突出的人，一定很快地身居要津。辅助君王使他在尧舜之上，要使社会风尚变得敦厚朴淳。

此诗作于唐玄宗天宝七载（748），是年杜甫37岁，居长安。韦左丞指韦济，时任尚书省左丞。他很赏识杜甫的诗，并曾表示过关怀。天宝六载（747），唐玄宗下诏天下有一技之长的人入京赴试，李林甫命尚书省试，对所有应试之人统统不予录取，并上贺朝廷演出一场野无遗贤的闹剧。杜甫这时应试落第，困守长安，心情落寞，想离京出游，于是就写了这首诗向韦济告别。诗中陈述了自己的才能和抱负，倾吐了仕途失意、生活潦倒的苦况，于现实之黑暗亦有所抨击。

思考寄语

　　此诗叙写了作者自己的才学以及平生志向和抱负，倾吐了仕途失意、生活困顿的窘状，并且抨击了当时黑暗的社会和政治现实。全诗直抒胸臆，慷慨陈词，是杜甫自叙生平的一首重要诗作。

20 秋兴八首·其三

诵读主体

千家山郭静朝晖，日日江楼坐翠微。
信宿渔人还泛泛，清秋燕子故飞飞。
匡衡抗疏功名薄，刘向传经心事违。
同学少年多不贱，五陵裘马自轻肥。

知人论世

见《奉赠韦左丞丈二十二韵》。

译文:

千户人家的山城在晨曦里是多么宁静,每日江楼都环绕在山气的青翠之中。连续两夜在船上过夜的渔人还在江上泛舟漂泊,清秋时节的燕子仍旧翩翩地飞舞。像匡衡那样抗疏直言却失去了功名,似刘向传经给后人但事与愿违。少年时的同学多是纨绔子弟,在五陵地区他们自是裘轻马肥。

《秋兴八首》是组诗,当时安史之乱虽然结束,但李唐王朝仍然面临北方军阀重新割据的危险,另外,唐朝与吐蕃在剑南川西的战争也接连不断,《秋兴八首》就是在国家仍然动荡不安,诗人依旧客居他乡的社会背景下写成的。

从艺术表现上,首先,这首诗用美景写哀情,用字含蓄,表情细腻,如"日日""还""故""自"等。其次,所表现的情感与其所表现的形式达到了高度统一,为了表现自己夔州生活的厌倦与单调,诗中用了大量的双声叠韵,如"翠微""泛泛""飞飞"。

思考寄语

> 杜甫的精神中、感性中凝聚着理性,不管黑暗势力多么强大,杜甫总能保持着清醒的理智和强烈的热情,激情澎湃而又不过于狂热,显得稳健而又深沉。读杜甫的诗总是为他那悲天悯人的情怀所打动,为他流落的人生际遇所惋惜,为他不肯"卷而怀之"的执着所痛心,读此诗亦然。

21 秋日偶成

诵读主体

闲来无事不从容，睡觉东窗日已红。
万物静观皆自得，四时佳兴与人同。
道通天地有形外，思入风云变态中。
富贵不淫贫贱乐，男儿到此是豪雄。

知人论世

程颢（1032—1085），男，字伯淳，号明道，世称"明道先生"。出生于武汉市黄陂区、河南府洛阳（今河南洛阳）人。北宋理学家、教育家，理学的奠基者，"洛学"代表人物。宋仁宗嘉祐二年（1057）进士，历官鄂县主簿、上元县主簿、泽州晋城令、太子中允、监察御史、监汝州酒税、镇宁军节度判官等职。政治上，反对王安石新政，在学术上，程颢提出"天者理也"和"只心便是天，尽之便知性"的命题，认为"仁者浑然与物同体，义礼知信皆仁也"，识得此理，便须"以诚敬存之"（同上）。倡导"传心"说。承认"天地万物之理，无独必有对"。宋神宗元丰八年（1085），宋哲宗即位，召其为宗正丞，未行而病逝，享年五十四岁。

这首诗是作者反对王安石变法后，被贬谪回到洛阳后所作。作为一名道德修养已经达到很高境界的理学家，作者所思考的并不是个人的得失与荣辱。他的安闲来自内心的强大以及对天道至理的准确把握。换言之，即安闲是果，得道是因。这首诗即是体现这一心态的作品。

阅读鉴赏

译文：

闲暇之时事事皆能从容，睡觉醒来东窗日照霞红。冷静观察万物都有自得，四季兴致感受与人相同。道理通达天地形体以外，深思进入风云变化之中。富贵不惑贫贱亦是安乐，男人做到此境便是英雄。

《偶成》诗是作者用诗歌的形式总结自己的治学心得，宣扬其理学思想的作品。首联说自己心境清闲，事事从容，睡醒之时，红日高照。此处的"闲"，是佛、道两家宣扬的"心气和平""收心忍性"，从心灵中清除七情六欲，是谓"无生"。这均是修身养性的结果，是清静无为的化境。这就是首句"闲"的内涵，只有如此，才能"无事不从容"，即事事从容。从容的表现就是第二句描绘的"睡觉东窗日已红"。一觉睡醒，红日高照，满窗红亮。一、二两句可看作因果关系。以下进一步申述事事从容的结果，宣讲理学哲理。额联说世间万事万物，虽然纷纭变幻，千奇百态，但只要静静地观察，就能穷极物理、格物致知。程颢说的"格物"当然不是今人所说的科学研究自然和人类社会。程颢说"一物之理即万物之理"，所谓"格物"就是"理与心，而人不能会之于一"，因此要去"私意"（存天理，去人欲），从内心大作文章。颈联进一步解释"自得"之境界。这种"格物致知"的功夫，指导人立身处世的最高准则，就是尾联讲的"富贵不淫贫贱乐"。按照二程的理学思想"父子君臣，天下之定理"。

思考寄语

程颢认为，天之生物有贵贱等级的区别，有大小，有长短，君子是大，小人是小，就是"天理"，因此他要求处富贵而不淫，安贫贱而自乐。男子汉若能修养到这一步，就是英雄豪杰，就是伟丈夫。

业精道酬 职场赢家

1 核舟记

诵读主体

　　明有奇巧人曰王叔远，能以径寸之木，为宫室、器皿、人物，以至鸟兽、木石，罔不因势象形，各具情态。尝贻余核舟一，盖大苏泛赤壁云。

　　舟首尾长约八分有奇，高可二黍许。中轩敞者为舱，箬篷覆之。旁开小窗，左右各四，共八扇。启窗而观，雕栏相望焉。闭之，则右刻"山高月小，水落石出"，左刻"清风徐来，水波不兴"，石青糁之。

　　船头坐三人，中峨冠而多髯者为东坡，佛印居右，鲁直居左。苏、黄共阅一手卷。东坡右手执卷端，左手抚鲁直背。鲁直左手执卷末，右手指卷，如有所语。东坡现右足，鲁直现左足，各微侧，其两膝相比者，各隐卷底衣褶中。佛印绝类弥勒，袒胸露乳，矫首昂视，神情与苏、黄不属。卧右膝，诎右臂支船，而竖其左膝，左臂挂念珠倚之——珠可历历数也。

　　舟尾横卧一楫。楫左右舟子各一人。居右者椎髻仰面，左手倚一衡木，右手攀右趾，若啸呼状。居左者右手执蒲葵扇，左手抚炉，炉上有壶，其人视端容寂，若听茶声然。

　　其船背稍夷，则题名其上，文曰"天启壬戌秋日，虞山王毅叔远甫刻"，细若蚊足，钩画了了，其色墨。又用篆章一，文曰"初平山人"，其色丹。

　　通计一舟，为人五；为窗八；为箬篷，为楫，为炉，为壶，为手卷，为念珠各一；对联、题名并篆文，为字共三十有四。而计其长，曾不盈寸。盖简桃核修狭者为之。嘻，技亦灵怪矣哉！

知人论世

　　魏学洢（约1596—约1625），字子敬，明朝末年的散文作家，著有《茅檐集》。被清代人张潮收入《虞初新志》的《核舟记》，是其代表作。

　　中国古代的雕塑工艺发展到明代已经非常精湛，特别是微雕工艺更是如此。明代民间微雕艺人王叔远，雕刻了这艘核舟，并将之送给作者，作者惊叹其技艺高超，而作此文。

　　此文通过白描的手法,详细而有条不紊地记述了一个微雕作品——核舟。先是概括地介绍王叔远微雕技艺的"奇巧"以及他技术的全面,既是全文的总提,也为转入正题蓄势。接着详细介绍核舟所表现的苏东坡赤壁泛舟的故事和意境,从全舟到局部,从船舱到船舷,从陈设到人物,从容写来,层次分明,丝毫不乱。尤其注重细部的描写,如雕栏上的对联,船舱人物的姿势和神态,舟子的动作,都写得生动如见,令人既佩服王叔远雕刻之神,又赞赏魏学洢观察之细。刻者与写者,可谓是相互发明,相得益彰了。

　　从描写看,王叔远不仅有高明的微雕技巧,而且很有见地。他表现东坡赤壁之游,不是简单地再现历史,而是对历史事实进行了合理的改造与加工。譬如雕栏上的对联,右边的"山高月小,水落石出",出自苏东坡十月写的《后赤壁赋》,而左边的"清风徐来,水波不兴"则是苏东坡写于七月的《前赤壁赋》中的名句。虽然季节有点不对,但用以揭示东坡泛舟时的月夜之景,却有不容抹杀的作用。

　　此文语言平实、洗练,特别是摹写舟中人物情状,句句都出自作者审视所得,毫无夸饰,逼真而又生动,不只貌似,而且传神。例如写东坡与鲁直:"东坡右手执卷端,左手抚鲁直背。鲁直左手执卷末,右手指卷,如有所语。东坡现右足,鲁直现左足,各微侧,其两膝相比者,各隐卷底衣褶中",文笔极细腻。又如写佛印:"绝类弥勒,袒胸露乳,矫首昂视",突出了这个出家人形象的特征,与读书人苏、黄神情不属。读罢令人有如同亲见"大苏泛赤壁"之感。

　　此文所写的这件雕刻品,原材料是一个"长不盈寸"的桃核,却生动地再现了宋代文坛上的一个著名典故——"大苏泛赤壁",构思精巧,形象逼真,显示了出匠师高超的技艺和卓越的成就,让人叹为观止。核雕作品具有"微中藏世界,核上读华章"之妙趣,核雕创作是慢工细活,追求的是精细、精致、精美。其实,任何事业的成功都不是一蹴而就的,需要一丝不苟的精神。不走捷径就是最快的捷径。

2 卖油翁

诵读主体

　　陈康肃公善射，当世无双，公亦以此自矜。尝射于家圃，有卖油翁释担而立，睨之久而不去。见其发矢十中八九，但微颔之。康肃问曰："汝亦知射乎？吾射不亦精乎？"翁曰："无他，但手熟尔。"康肃忿然曰："尔安敢轻吾射！"翁曰："以我酌油知之。"乃取一葫芦置于地，以钱覆其口，徐以杓酌油沥之，自钱孔入，而钱不湿。因曰："我亦无他，惟手熟尔。"康肃笑而遣之。

知人论世

　　欧阳修，（1007—1072），字永叔，号醉翁，晚号六一居士，吉州吉水（今江西省吉安市永丰县）人，北宋时期政治家、文学家、史学家和诗人，唐宋八大家之一。苏轼父子及曾巩、王安石皆出其门下。其创作实绩灿然可观，诗、词、散文均为一时之冠。散文说理畅达，抒情委婉；诗风与散文近似，重气势而能流畅自然；其词深婉清丽，承袭南唐余风。

阅读鉴赏

　　第一段写陈尧咨射箭和卖油翁看射箭。文章一开始用极简洁的语言交代了陈尧咨善射，而"当世无双"突出了他射箭技术的熟练；"以此自矜"又写出他沾沾自喜的骄矜态度。卖油翁"释担""久而不去"，表明他为陈尧咨射箭所吸引，想看个究竟。看见陈尧咨射箭"十中八九"，只是微微地点了点头。"睨之""微颔"神态的描述，既表示对陈尧咨熟练的射箭技术的肯定，又写出他尚有不满意的静观神情。一个是稍有成绩，就沾沾自喜，一个是看了半天，没有一句赞扬和捧场的话，表现出颇不以为然的神态。作者在不动声色的叙述中，初步揭示了这两个不同身份、不同地位的人对待射箭技术的不同态度，这就构成了矛盾并使读者产生了悬念，由此，引出了进一步的叙述。

　　第二段写卖油翁自钱孔沥油。这段一开始，通过陈尧咨和卖油翁的两组对话，进一步对照地写出两人对射箭技术的不同看法，不同态度。"汝亦知射乎？

吾射不亦精乎？"陈尧咨连着发出两句问话，显得盛气凌人，并流露出对卖油翁轻视的态度；而卖油翁的回答却是淡然一句："无他，但手熟尔"，语气平静，表现出卖油翁的从容和自信。卖油翁的神情和语气激怒了陈尧咨，陈尧咨气呼呼地斥责卖油翁"尔安敢轻吾射"，这就进一步表现出陈尧咨的狂妄自大、咄咄逼人。老翁却仍然是坦然沉着，用冷静的语气回答："以我酌油知之。"接着作者连用"取""置""覆""酌""沥"几个动词，井然有序地而又十分简洁，十分准确地描述了卖油翁沥油的过程，表现了他沉着镇静，从容不迫的态度。有这样的高超和熟练的技术，却仍然毫不夸饰地说："我亦无他，惟手熟尔。"和陈尧咨的自矜态度相对照，卖油翁朴实、谦逊、毫不骄矜的品德跃然如在眼前。

"我亦无他，惟手熟尔"，这是文章画龙点睛之笔，作者两次点这句话，强调和突出了本文叙事的主旨所在。文章的最后，用一句话交代了陈尧咨态度的转变和事情的结束。一个"笑"字，也是传神之笔，无须多加笔墨，就表现出陈尧咨从卖油翁的行动中受到启示并心悦诚服；"笑而遣之"，这样处置，也符合陈尧咨的身份。这个结尾简洁、含蓄、发人深省。

思考寄语

> 卖油翁的一句"我亦无他，惟手熟尔"，看似轻松，其实包含着大智慧。任何过硬的本领都是练出来的。只要肯下功夫，反复实践，就可以做到"熟能生巧"。这个故事还告诉我们"人外有人"，不要骄傲自大，只有刻苦勤奋、不断进步，真正掌握工作的内容和真谛，才能达到自己所希望的理想境界。

3 古剑篇（节选）

诵读主体

君不见昆吾铁冶飞炎烟，红光紫气俱赫然。

良工锻炼凡几年，铸得宝剑名龙泉。

龙泉颜色如霜雪，良工咨嗟叹奇绝。

琉璃玉匣吐莲花，错镂金环映明月。

知人论世

郭元振（656—713），名震，字元振，以字行，魏州贵乡（今河北省邯郸市大名县）人，唐朝名将、宰相。

此诗相传是郭震受武则天召见时写的。《唐诗纪事》记载：元振（即郭震）尉通泉，任侠使气，拨去小节。武后知所为，召欲诘。既与语，奇之。索所为文章，上《宝剑篇》。后览嘉叹，诏示学士李峤等。

阅读鉴赏

译文：

你难道没有看到昆吾的宝石被炼成宝剑，通红的炉火，剑锋上射出紫色的光焰？良工巧匠们不知经过多少年的锻造冶炼，才铸出这把无双的宝剑名曰龙泉。剑工自己也得意非凡地惊叹，锃亮得如雪如霜寒芒四闪。像琉璃玉匣里吐出一朵白莲，剑柄上的金环是日月的光辉镀染。

这是一首描写古人锻造龙泉宝剑的诗篇，选用当时被认为最好的昆仑山铁矿石，用最好的工匠经过几年的时间锤炼而成，连最好的工匠都赞叹不绝，然后用黄金镂饰金环，如一轮明月般熠熠闪光。

"宝剑锋从磨砺出,梅花香自苦寒来",冷兵器时代,一把宝剑不知凝聚多少铸剑人的心血与汗水,成为将士们戍边卫国的兵器。和平年代,历经千年追求极致、千锤百炼的铸剑手工艺,不仅体现了中国人的智慧,而且成为一种文化传承和精神风貌。

4 纪昌学射

诵读主体

甘蝇,古之善射者,彀弓而兽伏鸟下。弟子名飞卫,学射于甘蝇,而巧过其师。纪昌者,又学射于飞卫。飞卫曰:"尔先学不瞬,而后可言射矣。"

纪昌归,偃卧其妻之机下,以目承牵挺。二年后,虽锥末倒眦,而不瞬也,以告飞卫。飞卫曰:"未也,必学视而后可。视小如大,视微如著,而后告我。"

昌以牦悬虱于牖,南面而望之。旬日之间,浸大也;三年之后,如车轮焉。以睹余物,皆丘山也。乃以燕角之弧,朔蓬之簳射之,贯虱之心,而悬不绝。以告飞卫。飞卫高蹈拊膺曰:"汝得之矣!"

知人论世

节选自《列子·汤问》。作者列子,名御寇,道家学派著名的代表人物,著名的思想家、寓言家和文学家,是老子和庄子之间承前启后的一位道家思想代表人物。列子(本人与弟子)著有《列子》,对后代的哲学、文学、科技、宗教都有深远的影响。那时,由于人们习惯在有学问的人姓氏后面加一个"子"字,表示尊敬,所以列御寇又称为"列子"。列子一生安于贫寒,不求名利,不进官场,隐居郑地四十年,潜心著述。《列子》属于早期黄老道家的一部经典著作。后人搜罗整理加以补全。现存八篇：《天瑞》《黄帝》《周穆王》《仲尼》《汤问》《力命》《杨朱》《说符》。其中《愚公移山》《杞人忧天》《两小儿辩日》《纪昌学射》等脍炙人口的寓言故事，可谓家喻户晓，广为流传。

阅读鉴赏

译文：

甘蝇是古代一个善于射箭的人，拉开弓，兽就倒下，鸟就落下。甘蝇的一个弟子名叫飞卫，（飞卫）向甘蝇学习射箭，但他射箭的技巧却超过了他的师傅。后来又有一个名叫纪昌的人来拜飞卫为师，跟着飞卫学射箭。飞卫说："你先学会看东西不眨眼睛，然后才可以学射箭。"

纪昌回到家里，仰卧在他妻子的织布机下，用眼睛注视着织布机上的梭子练习不眨眼睛。两年之后，即使锥子尖刺在他的眼皮上，他也不眨一下眼睛。纪昌把自己练习的情况告诉了飞卫。飞卫说："这还不够啊，还要学会看东西才可以。要练到看小物体像看大东西一样清晰，看细微的东西像显著的物体一样容易，然后再来告诉我。"

纪昌用牦牛尾巴的毛系住一只虱子悬挂在窗户上，面向南远远地看着它，十天之后，虱子在纪昌的眼中渐渐变大了；三年之后，虱子在他眼里有车轮那么大。用这种方法看其他东西，都像山丘一样大。纪昌便用燕地的牛角加固的弓，用楚地出产的篷杆作为箭，射那只悬挂在窗口的虱子，穿透了虱子的中心，但毛却没有断。纪昌又把自己练习的情况告诉了飞卫，飞卫高兴得抬高脚踏步，跺脚，拍胸膛，说道："你已经掌握了射箭的诀窍了！"

这个短小的寓言故事，用了夸张的手法讲述了纪昌向飞卫学习射箭，用了大段的笔墨来写纪昌练眼力，练习不眨眼用了两年的时间，练就"虽锥末倒眦，而不瞬也"的本领，练习将小东西看大又是三年时间，达到"贯虱之心，而悬不绝"的境界。让人们深刻地领会到万丈高楼平地起，成功是没有捷径的，都是日积月累苦练基本功的结果，这是一个循序渐进又异常艰苦的过程。

思考寄语

正所谓台上一分钟，台下十年功。学习任何一项技能，都需要目标专一，意志坚定，苦练基本功，才能由量变引起质变，掌握到技艺的精髓，最终练就精湛的技艺。

5 天论（节选）

天行有常，不为尧存，不为桀亡。应之以治则吉，应之以乱则凶。强本而节用，则天不能贫。养备而动时，则天不能病。修道而不贰，则天不能祸。故水旱不能使之饥，寒暑不能使之疾，妖怪不能使之凶。本荒而用侈，则天不能使之富。养略而动罕，则天不能使之全。倍道而妄行，则天不能使之吉。故水旱未至而饥，寒暑未薄而疾，妖怪未至而凶。受时与治世同，而殃祸与治世异，不可以怨天，其道然也。故明于天人之分，则可谓至人矣。

143

业道酬精 职场赢家

知人论世

选文选自《荀子·第十七·天论》。荀子（约前313—前238），名况，字卿，战国末期赵国人，两汉时因避汉宣帝询名讳称"孙卿"，著名的思想家、哲学家、教育家，他是战国末期儒家学派中的大师，先秦时代百家争鸣的集大成者。

荀子早年曾游学于齐国，广泛接触各派学说。到过秦国、燕国。韩非、李斯都是他的学生。因德高望重，曾三次被推为祭酒，两度出任楚兰陵令。晚年到楚国蛰居兰陵县著书立说，收徒授业，终老于斯，葬于兰陵，被称为"后圣"。

荀子总结百家争鸣的理论成果和自己的学术思想，创立了先秦时期完备的朴素唯物主义哲学体系，批判地接受并创造性地发展了儒家正统的思想和理论。

他主张"礼法并施"；提出"制天命而用之"的人定胜天的思想；反对鬼神迷信；提出性恶论，重视习俗和教育对人的影响，并强调学以致用。其思想集中反映在《荀子》一书中。

阅读鉴赏

译文：

上天的运行有一定的规律，不会因为圣君尧就存在，也不会因为暴君桀就灭亡。用正确的治理措施适应大自然的规律，事情就办得好；用错误的治理措施对待大自然的规律，事情就会办糟。加强农业生产而又节约开支，那么天不可能使人贫穷；生活资料充足而又能适应天时变化进行生产活动，那么天也不可能使人生病；遵循规律而又不出差错，那么天也不可能使人遭祸。所以水旱灾害不可能使人受饥挨饿，寒暑变化不可能使人生病，自然界反常的现象不可能使人遭难。荒废农业生产而用度奢侈，那么天也不能让人富有。保养简略而行动逆时，那么天也不能让人保全。违背礼义正道而胡作非为，那么天也不能让人吉祥。所以水灾旱灾还没来就闹饥荒了，冷热还没迫近就生病了，自然灾害还没产生就有了凶险。遇到的天时和太平时期相同，然而灾殃灾祸却和治世不一样，这不可以怨天，事物的规律就是这样。所以明辨了自然界的规律和人应采取的行动，就可以称得上圣人了。

战国时期在中国思想史上是一个群星璀璨的时代，诸子的思想犹如划破夜空的闪电一样耀眼夺目。其中，荀子的《天论》从战国生产与科学中汲取智慧，形成朴素唯物主义自然哲学思想，具有极高的哲学成就。

《天论》整篇论证周密精审，逻辑严密；善用设问对比等手法，气势横溢；铺陈排比，句式整齐；遣词准确生动，许多含义精辟的格言短语久诵不衰。"天"是指自然规律，"天论"是对自然规律的认识。自然规律客观存在，不以人的意志为转移。如何处理人和自然规律之间的关系呢？可以探索、认知、利用自然规律，为民造福。弄明白天和人各自的特殊规律，天的自然力量和人的能动力量各自的作用范围与相互作用，这样的人就可称为"至人"，即"圣人"。

思考寄语

自然界的发生、发展、变化有它的客观规律，对于这种规律，人们可去研究，去认识，可以利用这些规律为人类服务。但是人们若是违背这些规律而随意乱干，就会受到大自然的惩罚。这种朴素的自然唯物主义思想引申到治理国家，即采用正确的治国之道，国家就幸福吉祥；反之国家就会出乱子！用到我们的职业规划与发展也是一样，要主动探索职业发展规律，自觉遵循职业规律，培养职业素养，就可以做到事半功倍，不断进步、不断超越！获得人生与职业的成功！

6 元 日

诵读主体

爆竹声中一岁除，春风送暖入屠苏。
千门万户曈曈日，总把新桃换旧符。

知人论世

王安石（1021—1086），字介甫，号半山，抚州临川（今江西省抚州市）人，中国北宋时期政治家、文学家、思想家、改革家。

庆历二年（1042），王安石进士及第。历任扬州签判、鄞县知县、舒州通判等职，政绩显著。熙宁二年（1069），被宋神宗升为参知政事，次年拜相，主持变法。因守旧派反对，熙宁七年（1074）罢相。一年后，被神宗再次起用，旋即又罢相，退居江宁（今江苏南京）半山园，封舒国公，不久改封荆，世称荆公。元祐元年（1086），保守派得势，新法皆废，王安石郁然病逝于钟山，享年六十六岁，卒谥"文"。

王安石潜心研究经学，著书立说，创"荆公新学"，促进宋代疑经变古学风的形成。在哲学上，他用"五行说"阐述宇宙生成，丰富和发展了中国古代朴素唯物主义思想；其哲学命题"新故相除"，把中国古代辩证法推到一个新的高度。

在文学上，王安石具有突出成就。其散文简洁峻切，短小精悍，论点鲜明，逻辑严密，有很强的说服力，充分发挥了古文的实际功用。其诗"学杜得其瘦硬"，擅长说理与修辞，晚年诗风含蓄深沉、深婉不迫，以丰神远韵的风格在北宋诗坛自成一家，世称"王荆公体"；其词写物咏怀吊古，意境空阔苍茫，形象淡远纯朴。曾与其子王雱及吕惠卿等注释《诗经》《尚书》《周官》，时称《三经新义》。所著《字说》《钟山一日录》等，多已散佚。今存《王临川集》《临川集拾遗》。

《元日》作于王安石初拜相而始行己之新政时。为摆脱宋王朝所面临的政治、经济危机以及辽、西夏不断侵扰的困境，1069年，王安石任参知政事，主持变法。同年新年，王安石见家家忙着准备过春节，联想到变法伊始的新气象，有感而作此诗。

阅读鉴赏

译文：

阵阵轰鸣的爆竹声中，旧的一年已经过去；和暖的春风吹来了新年，人们欢乐地畅饮着新酿的屠苏酒。初升的太阳照耀着千家万户，他们都忙着把旧的桃符取下，换上新的桃符。

这是一首写古代迎接新年的即景之作，取材于民间习俗，敏感地摄取老百姓过春节时的典型素材，抓住有代表性的生活细节：点燃爆竹，饮屠苏酒，换新桃符，充分表现出年节的欢乐气氛，富有浓厚的生活气息。

这首诗，描写新年元日热闹、欢乐、万象更新的动人景象，时值诗人推行新政，变法伊始，对变法充满信心，坚信未来百姓生活一片光明，有感而发"总把新桃换旧符"，表达了诗人对变法胜利和人民生活改善的欣喜之情。

思考寄语

创新是一个民族进步的灵魂，是一个国家兴旺发达的不竭动力。当今的时代是改革创新的时代，充满了机遇与挑战。作为高素质、技能型的专门人才必须具备创新精神与能力，"总把新桃换旧符"，除旧革新，在机遇和挑战中走向新的高度。改革意识和创新能力是人的综合能力的外在表现，它是以深厚的文化底蕴、高度综合化的知识、个性化的思想和崇高的精神境界为基础的。要想有所创新，首先必备条件就是热爱创新，有一颗对新事物好奇的心。其次要善于观察"创新"并不是空穴来风，而是要通过阅读、观察来慢慢积累自己的知识，从而具备发现问题的能力，进而进行创新。最后要勤于动手，所有有意义的"创新"都来源于实践，创新的热情、知识的储备、实践的动力对于创新能力来说缺一不可。

7 声声慢

诵读主体

　　寻寻觅觅，冷冷清清，凄凄惨惨戚戚。乍暖还寒时候，最难将息。三杯两盏淡酒，怎敌他、晚来风急！雁过也，正伤心，却是旧时相识。

　　满地黄花堆积，憔悴损，如今有谁堪摘？守着窗儿，独自怎生得黑！梧桐更兼细雨，到黄昏、点点滴滴。这次第，怎一个愁字了得！

知人论世

　　李清照（1084—1155），号易安居士，济南人。宋代女词人，婉约词派代表，有"千古第一才女"之称。李清照出身于书香门第，早期生活优裕，其父李格非藏书甚富，她幼时就在良好的家庭环境中打下文学基础。出嫁后与丈夫赵明诚共同致力于书画金石的搜集整理。靖康之变后，金兵南侵，丈夫赵明诚不幸病故。安葬丈夫以后，她追随流亡中的朝廷由建康到浙东，饱尝流离颠沛之苦。亡国之恨、丧夫之哀、孀居之苦，凝集心头，无法排遣，词人在孤苦伶仃的日子里煎熬，和着血泪写下了千古绝唱——《声声慢》。

　　李清照所作之词，前期多写其悠闲生活，真实地反映了她的闺中生活和思想感情，题材集中于写自然风光和离别相思。后期多悲叹身世，情调感伤，主要是抒发伤时念旧和怀乡悼亡的情感，表达了自己在孤独生活中的哀愁。形式上善用白描手法，语言清丽，提出词"别是一家"之说，著有《易安居士文集》《易安词》，已散佚。后人有《漱玉词》辑本，今有《李清照集校注》。

阅读鉴赏

　　李清照的这首《声声慢》，脍炙人口。就其内容而言，简直是一篇悲秋赋。

　　"寻寻觅觅，冷冷清清，凄凄惨惨戚戚。"这首词开头三句是说，整天都在寻觅一切清冷惨淡，我不由得感到极度哀伤凄凉。词中写主人公一整天的愁苦心情，是从"寻寻觅觅"开始的，可见她一起床便百无聊赖，若有所失，于是东张西望，希望找到点什么来寄托自己的空虚寂寞。下文"冷冷清清"，是"寻寻觅觅"的结果，不但无所获，反被一种孤寂清冷的气氛袭来，使自己感到凄惨忧戚。于是紧接着再写一句"凄凄惨惨戚戚"。仅此三句，一种愁惨而凄厉的氛围已笼罩全篇，使读者不禁为之屏息凝神。

"乍暖还寒时候，最难将息。三杯两盏淡酒，怎敌他，晚来风急？"这是说，乍暖还寒的秋季最难以调养。饮三杯两盏淡酒怎能抵御傍晚之时吹得紧急的冷风。"雁过也，正伤心，却是旧时相识。"上片末三句是说，向南避寒的大雁飞过去了，伤心的却是原来旧时的相识。南来的秋雁，正是北方所见到的，雁未必相识，却说"旧时相识"，寄怀乡之意。上片从一个人寻觅无着，写到酒难浇愁；风送雁声，反而增加了思乡的惆怅。于是下片由秋日高空转向自家庭院。

"满地黄花堆积，憔悴损，如今有谁堪摘？"下片前三句是说，家中的后院中已经开满了菊花，我因忧伤憔悴无心赏花惜花，如今花儿将败有谁还来采摘？园中开满了菊花，秋意正浓。这里"满地黄花堆积"是指菊花盛开，而非残英满地。"憔悴损"是指自己忧伤而憔悴受损，也不是指菊花枯萎凋谢。正由于自己无心看花，虽然正值菊堆满地，却不想去摘它赏它。然而人不摘花，花当自萎，到花枯萎，则欲摘而不堪摘了。这里既写出了自己无心摘花的郁闷，又透露了惜花将谢的情怀，笔意深远。"守着窗儿，独自怎生得黑！梧桐更兼细雨，到黄昏，点点滴滴。"这几句是说，静坐窗前独自熬到天色昏黑，梧桐凄凄细雨淋沥，黄昏时分，那雨声还是点点滴滴。写独坐无聊，内心苦闷之状，比寻寻觅觅三句又进一层。好像天有意不肯黑下来而使人尤为难过。"梧桐"两句，笔更直而情更切。

"这次第，怎一个愁字了得！"结句是说，此情此景，用一个愁字又怎么能说得够？结尾化多为少，只说自己思绪纷茫复杂，仅用一个"愁"字如何能包括得尽？妙在又不说明于一个"愁"字之外又更有什么心情，即戛然而止，仿佛不了了之。表面上有"欲说还休"之势，实际上已经倾泻无遗，淋漓尽致了。

这首词大气包举，别无枝蔓，相关情事逐一说来，却始终紧扣悲秋之意，深得六朝抒情小赋之神髓，而以接近口语的朴素清新的语言谱入新声，运用凄清的音乐性语言进行抒情，诚属个性独具的抒情名作。

思考寄语

　　透过这首千古绝唱，我们看到了一个风华绝代的女子——李清照，她在时代的洪流中如一片叶子一样漂泊，挣扎。在孤独和寂寞中，用锐利的笔篆刻生活的无奈和命运的多舛。抨击政治的腐败，忧国忧民。她的文学造诣和艺术才华是无人能比的，她的情很真，她的愁很浓。几千年的秋天几千年的愁，我们在秋风中一遍遍领悟她的诗情画意，感悟她的情才风华，感叹她人生的真谛。

8 师旷论学

诵读主体

　　晋平公问于师旷曰："吾年七十，欲学，恐已暮矣。"

　　师旷曰："何不炳烛乎？"

　　平公曰："安有为人臣而戏其君乎？"

　　师旷曰："盲臣安敢戏其君乎！臣闻之，少而好学，如日出之阳；壮而好学，如日中之光；老而好学，如炳烛之明。炳烛之明，孰与昧行乎？"

　　平公曰："善哉！"

知人论世

　　刘向（约前77—前6），字子政，原名更生，世称刘中垒，沛郡丰邑（今江苏省徐州市）人。西汉经学家、目录学家、文学家，经学家刘歆之父，中国目录学鼻祖。著有《新序》《说苑》《战国策》《列女传》等，所撰《别录》是我国最早的图书分类目录。本篇选自《说苑》。

译文：

晋平公对师旷说："我今年七十岁了，想要学习，恐怕已经晚了吧。"师旷回答说："您为什么不把烛灯点燃呢？"晋平公说："哪有做臣子的人戏弄国君的呢？"师旷说："我这个双目失明的臣子，怎么敢戏弄国君啊？我听说，一个人在少年时喜好学习，就如同初升的太阳那样灿烂；壮年时喜好学习，就如同正午太阳的阳光那样明亮；老年时喜好学习，也还像点燃蜡烛般光亮。点上烛火照明比起在黑暗中摸索，究竟哪个更好呢？"晋平公说："说得好哇！"

春秋时七十高龄的晋平公想要学习，却担心自己岁数太大为时已晚，便向晋国著名的盲人乐师师旷请教。师旷认为学习不分老少，人的一生应该不断学习，劝国君秉烛而学，并形象地将人生的三个阶段即少年、壮年、老年的学习分别喻为日出之阳、日中之光和炳烛之明。尤其是老年好学，好比点上烛火，虽然比不上前两者，但总比在黑暗中摸索要好得多。这一系列比喻，可谓形象传神、恰当之至，人们容易理解，也容易接受，所以晋平公为之称善。为了吸引对方注意，师旷有意利用汉语一音多义的特点，采用双关的手法故意曲解晋平公的语意。晋平公老而叹"暮"，意指年龄老迈，已入暮年。师旷却将"暮"字解释为太阳已落、天色将晚，建议把烛灯点燃。如此"曲解"，形同戏弄，也正因为如此，师旷的话才引起晋平公的高度注意，为接下来导引出关于学习的比喻埋下伏笔，从而达到劝学的目的。

思考寄语

高尔基说过："学习永远不晚。"学习是贯穿一个人一生的重要基石，是一个人不断取得进步、收获成长的源泉。无论你从事何种职业、年龄有多大，学习的脚步都不应停歇。尤其随着科技发展、社会进步，新知识、新概念、新技术层出不穷，谁不学习谁就会跟不上时代的步伐，成为落伍者，终被社会淘汰。正所谓："活到老学到老"！同学们，面对日新月异的21世纪，只有明确目标、下定决心、树立恒心，在终身学习的道路上砥砺前行，才能真正实现从必然王国到自由王国的跨越。

9 进学解（节选）

诵读主体

国子先生晨入太学，招诸生立馆下，诲之曰："业精于勤，荒于嬉；行成于思，毁于随。方今圣贤相逢，治具毕张。拔去凶邪，登崇俊良。占小善者率以录，名一艺者无不庸。爬罗剔抉，刮垢磨光。盖有幸而获选，孰云多而扬？诸生业患不能精，无患有司之不明；行患不能成，无患有司之不公。"

知人论世

韩愈（768—824），字退之，河南河阳（今河南省孟州市）人，世称"韩昌黎""昌黎先生"，唐代文学家、思想家、哲学家。韩愈是唐代古文运动的倡导者，被后人尊为"唐宋八大家"之首。著有《韩昌黎集》。

本文作于唐宪宗元和八年（813）。是年韩愈46岁，在长安任国子学博士，教授生徒，在此之前，他因直言犯上、痛陈时弊，屡遭贬黜。进学，意谓勉励生徒治学修身，求取进步；解，即解说、分析。全文假托先生劝学、生徒质问、先生再予解答，故名"进学解"，是一篇自抒愤懑、感叹不遇之作。本文系该篇第一段"先生劝学"部分。

阅读鉴赏

译文：

国子先生早上走进太学，召集学生们站立在学舍下面，教导他们说："学业由于勤奋而专精，由于玩乐而难免荒废；德行由于独立思考而有所成就，由于因循敷衍而难免败坏。当前朝廷，上有圣君，下有贤臣，各项法令都得以实施，摒除凶恶奸邪之小人，提拔才德兼优之贤人。具有微小优点的人都已被录用，通晓一技之长而有名的人无不被任用。朝廷不仅细心搜求人才，还加以甄别、教育、培养，去除思想污垢，把他们磨砺得光彩照人。大概也有学问不高而侥幸获得选拔的，谁说才行优秀反不被提拔重用的呢？诸位学生只须担心学业不能精进，不要担心主管部门官吏不能明察；只须担心德行不能有所成就，不要担心主管部门官吏不够公正。"

　　本文是作者以国子先生的口吻勉励生徒的训导之语，通过解释进学的道理、指陈朝廷的形势，得出"业患不能精，无患有司之不明；行患不能成，无患有司之不公"的结论。文章一开始，即提出"业精于勤，荒于嬉，行成于思，毁于随"的观点，通过正反对比，道出"业精""行成"的成败关键。这是作者围绕生徒"进学"的教育主张，也是其治学修身数十载而得来的甘苦之谈、肺腑之言，广为后世所传颂，在今天仍有其深刻的教育意义。随后，作者称赞方今的圣君贤臣励精图治，政治清明，重视选拔、任用人才，规劝弟子们发奋学习，报效国家，不要"患有司之不明""患有司之不公"。综观全文，其表面上歌功颂德，实则反话正说，委婉含蓄地表达了对朝廷弊政的讽刺、不满和对自身怀才不遇、仕途蹭蹬的不平之情，也为之后"生徒质问"环节树立了"靶子"、埋下了伏笔。本文文体仿照汉代扬雄《解嘲》，构思匠心独运，语言新颖、形象，在技巧上吸收运用辞赋体的铺叙、排偶、用韵、藻饰等形式，并加以革新改造，文字表达富于整饬之美，读来声韵铿锵有力，朗朗上口，极富艺术感染力。

思考寄语

　　本文中"业精于勤，荒于嬉；行成于思，毁于随"是传诵千古的名句，多被后世奉为鞭策省身的励志格言。世上无难事，只怕有心人！在成长的道路上，无论是读书治学，还是修身立人，抑或是求职创业，没有"勤奋拼搏"的态度和行动，缺乏"检身自省"的觉悟和能力，是无法轻易到达成功的终点的。同学们，你是那个"勤笃""善思"的有心人吗？

10 愚公移山

太行、王屋二山，方七百里，高万仞，本在冀州之南，河阳之北。

北山愚公者，年且九十，面山而居。惩山北之塞，出入之迂也，聚室而谋曰："吾与汝毕力平险，指通豫南，达于汉阴，可乎？"杂然相许。其妻献疑曰："以君之力，曾不能损魁父之丘，如太行、王屋何？且焉置土石？"杂曰："投诸渤海之尾，隐土之北。"遂率子孙荷担者三夫，叩石垦壤，箕畚运于渤海之尾。邻人京城氏之孀妻有遗男，始龀，跳往助之。寒暑易节，始一反焉。

河曲智叟笑而止之曰："甚矣，汝之不惠！以残年余力，曾不能毁山之一毛，其如土石何？"北山愚公长息曰："汝心之固，固不可彻，曾不若孀妻弱子。虽我之死，有子存焉。子又生孙，孙又生子；子又有子，子又有孙；子子孙孙无穷匮也，而山不加增，何苦而不平？"河曲智叟亡以应。

操蛇之神闻之，惧其不已也，告之于帝。帝感其诚，命夸娥氏二子负二山，一厝朔东，一厝雍南。自此，冀之南，汉之阴，无陇断焉。

知人论世

本文选自《列子·汤问》。列子（约前450—前375），名御寇，亦作圄寇，又名寇，字云。战国前期道家代表人物。郑国圃田（今河南郑州）人，古帝王列山氏之后。他是介于老子与庄子之间道家学派承前启后的重要传承人物，是老子和庄子之外的又一位道家学派代表人物。其学本于黄帝老子，主张清静无为，归同于老庄，被道家尊为前辈。创立了先秦哲学学派贵虚学派（列子学），对后世哲学、美学、文学、科技、养生、乐曲、宗教影响非常深远。

东汉班固《汉书·艺文志》"道家"部分录有《列子》八卷，早佚。今本《列子》八卷，从思想内容和语言使用上看，或为后人根据古代资料编著。全书共载民间故事、寓言、神话传说等134则，题材广泛，有些颇富教育意义。

阅读鉴赏

译文：

太行、王屋两座山，方圆七百里，高七八千丈，本来在冀州南边，河阳的北边。

北山下面有个名叫愚公的人，年龄将近九十岁了，面对着山居住。他苦于山区北部的阻塞，出来进去都要绕道，于是集合全家人商量说："我跟你们尽全力铲除险峻的大山，使道路一直通向豫州南部，到达汉水南岸，好吗？"大家纷纷表示赞同。他的妻子提出疑问说："凭你的力气，连魁父这座小山也不能削平，能把太行、王屋怎么样呢？再说，挖下来的土和石头又安放在哪里？"众人说："把它扔到渤海的边上，隐土的北边。"于是愚公率领儿孙中能挑担子的三个人上了山，凿石头、挖土，用箕畚运到渤海边上。邻居京城氏的寡妇有个男孩，刚刚换牙的年纪，蹦蹦跳跳地去帮助他。冬夏换季，才能往返一次。

河湾上聪明的老头讥笑愚公，阻止他干这件事，说："你真的太愚蠢了！就凭你残余的岁月、剩下的力气，连山上的一棵草都动不了，又能把泥土、石头怎么样呢？"北山愚公长叹一声说："你思想顽固，顽固到了不可改变的地步，连孤儿寡妇都比不上。即使我死了，还有儿子在呀；儿子又生孙子，孙子又生儿子；儿子又有儿子，儿子又有孙子；子子孙孙无穷无尽，可是山却不会增高加大，还怕挖不平吗？"河曲智叟无话可答。

手中拿着蛇的山神听说了这件事，怕他不停地干下去，于是向天帝报告。天帝被愚公的诚心感动，命令大力神夸娥氏的两个儿子背走了那两座山，一座放在朔方的东边，一座放在雍州的南边。从这以后，冀州的南部直到汉水南岸，再也没有高山阻隔了。

此文是一篇具有朴素的唯物主义和朴素的辩证法思想的寓言故事。它借愚公形象的塑造，通过"智叟"与"愚公"的对话，展现出了"智叟"之愚与"愚公"之智，告诉人们做事要持之以恒，才有可能成功。反映了中国古代劳动人民改造自然的雄伟气魄，表现了中国古代劳动人民的信心和顽强毅力，说明了要克服困难就必须坚持不懈的道理，对人们有很大的启发。

思考寄语

愚公是一个确定了目标就坚持不懈的人，即使遇到天大的困难也要排除万难，达成目标。其坚韧的意志和顽强不屈的精神让人肃然起敬，值得我们每一个人学习。今天，如果我们能正确看待愚公移山的壮举，做到大智若"愚"，那么，我们必将能成为最优秀的自己，成就一番事业。

11 晏子使楚

晏子使楚。楚人以晏子短，为小门于大门之侧而延晏子。晏子不入，曰："使狗国者从狗门入。今臣使楚，不当从此门入。"傧者更道，从大门入。见楚王，王曰："齐无人耶？使子为使。"晏子对曰："齐之临淄三百闾，张袂成阴，挥汗成雨，比肩继踵而在，何为无人？"王曰："然则何为使子？"晏子对曰："齐命使，各有所主。其贤者使使贤主，不肖者使使不肖主。婴最不肖，故宜使楚矣。"

晏子将使楚。楚王闻之，谓左右曰："晏婴，齐之习辞者也。今方来，吾欲辱之，何以也？"左右对曰："为其来也，臣请缚一人，过王而行，王曰：'何为者也？'对曰：'齐人也。'王曰：'何坐？'曰：'坐盗。'"

晏子至，楚王赐晏子酒，酒酣，吏二缚一人诣王。王曰："缚者曷为者也？"对曰："齐人也，坐盗。"王视晏子曰："齐人固善盗乎？"晏子避席对曰："婴闻之，橘生淮南则为橘，生于淮北则为枳，叶徒相似，其实味不同。所以然者何？水土异也。今民生长于齐不盗，入楚则盗，得无楚之水土使民善盗耶？"王笑曰："圣人非所与熙也，寡人反取病焉。"

晏子，名婴，齐国夷维（今山东省高密市）人，生年不可考，卒于公元前500年。他出身世家，年轻时就从政。其父晏弱去世后，他继任齐卿，历仕灵、庄、景三朝，长达五十四年。晏子是我国历史上有名的"智者"，他在世的时候正值齐国不断走向衰落的年代，国君昏聩，权臣把持朝政，外有秦、楚之患，内有天怒人怨之忧。晏婴凭借着自己的聪明才智，尽力补天，力挽狂澜，使齐国在诸侯各国中赢得了应有的地位。

《晏子春秋》，又称《晏子》，是记载春秋时期（前770—前476）齐国政治家晏婴言行的一部历史典籍，由史料和民间传说汇编而成，书中记载了很多晏婴劝告君主勤政，不要贪图享乐，以及爱护百姓、任用贤能和虚心纳谏的事例，成为后世学习的榜样。晏婴自身也是非常节俭，备受后世统治者崇敬。

《晏子春秋》中有很多生动的事例，表现出晏婴的聪明和机敏，如"晏子使楚"等就在民间广泛流传。通过具体事例，书中还论证了"和"和"同"两个概念。晏婴认为对君主的附和是"同"，应该批评。而敢于向君主提出建议，补充君主不足的才是真正的"和"，才是值得提倡的行为。这种富有辩证法思想的论述在中国哲学史上成为一大亮点。

　　《晏子春秋》经过刘向的整理，共有内、外八篇，二百一十五章。

阅读鉴赏

　　译文：

　　晏子被派遣到楚国。楚王知道晏子身材矮小，在大门的旁边开一个小洞请晏子通过。晏子不进去，说："出使狗国的人从狗洞进去，今天我出使到楚国来，不应该从这个洞进入哇。"迎宾官吏于是带晏子改道从大门进去。晏子拜见了楚王。楚王说："齐国难道没有人了吗？竟派你做使臣。"晏子回答说："我们齐国都城临淄有七千五百多户人家，街市上的人挥舞衣袖可以遮天蔽日，挥洒汗水就像下雨一样，人挨着人，肩并着肩，脚尖碰着脚跟，怎么能说齐国没有人呢？"楚王说："既然这样，为什么派你这样一个人来做使臣呢？"晏子回答说："齐国派遣使臣，要根据出使的国家选派，贤能的人被派遣出使贤明的君主那儿，无才德的被派遣出使无能的君主那儿，我是最无能的人，所以适合出使楚国啊。"

　　晏子将要出使楚国。楚王听到这个消息，对臣下说："晏婴非常善于言辞，现在要来出使我们国家，我想羞辱一下他，用什么办法呢？"臣下回答说："在他来的时候，请允许我们绑一个人从大王您面前走过。大王到时就问：'这是什么国家的人？'回答说：'是齐国人。'大王就问：'他犯了什么罪？'我们说：'犯了盗窃罪。'"

　　晏子到了，楚王赏赐给晏子酒，喝得正高兴的时候，两个官吏绑着一个人走到楚王面前。楚王问："绑着的人做什么的？"楚吏回答说："他是齐国人，犯了偷窃罪。"楚王瞟着晏子说道："齐人本来就善于偷盗吗？"晏子离开座位正色道："我听说，橘子生长在淮河以南是甜美的橘子，生长在淮河以北就变成艰涩的枳子，只是叶子的形状相像，但它们果实的味道差别很大。为什么会这样呢？因为水土不同。现在这个人生活在齐国不偷窃，到了楚国就偷窃，莫非楚国的水土使得老百姓善于偷窃吗？"楚王笑着说："圣人是不能同他开玩笑的人，我反而自讨没趣了。"

　　《晏子使楚》选自《晏子春秋·内篇·杂下》。全文描写楚王与晏子的对答，着墨不多，文字精练，但活灵活现地表现了论辩双方的神态、激烈的交锋及紧张的气氛。特别是人物语言的运用，颇符合人物的身份。全文楚王的话并不多，多为设问口气："齐无人耶？""然子何为使乎？""齐人固善盗乎？"短短几问，楚王目空一切、傲慢无礼的神情便跃然纸上。通过晏子针锋相对的对答，最后楚王"寡人反取病焉"。又把他奚落不成反被奚落的尴尬情景表现得淋漓尽致。文章主角晏子的反诘，句句精彩，充分表现出他以国家尊严为重的浩然正气。文中所塑造的晏子形象，遇事不乱，临大节而不辱，娴于辞令，出妙语而制胜。其思维的敏捷，论辩的严密逻辑性以及作为政治家、外交家的气量风度，给世人留下难以磨灭的印象。晏子形象在中国古代杰出人物的艺术画廊中，也独具特点，闪烁着耀眼的光华。其炉火纯青的外交艺术和高超绝妙的讲话艺术，丰富了中国传统文化的宝库，至今仍值得人们研究和借鉴。

思考寄语

业道酬精 职场赢家

人格不可侵犯，国格更不容玷辱，晏子作为使臣出使外邦，凭借自己的高超智慧成功化解各种刁难和污蔑，其面对强国时所表现的不卑不亢和随机应变给世人留下了深刻的印象。每个人在生活或者工作中，都有可能面临"晏子的处境"，当遇到类似情况的时候要怎么处理，晏子给我们做了很好的榜样。虽然晏子靠着机辩赢得了尊重，同时我们也要知道"弱国无外交"，当时晏子所处的齐国已经逐步衰弱，正是衰弱才导致外邦欺辱。所以我们要珍惜今天的生活，庆幸生活在今天的中国，有了强大祖国作后盾，国人才能扬眉吐气。

12 孔子学琴

诵读主体

　　孔子学鼓琴师襄子，十日不进。师襄子曰："可以益矣。"孔子曰："丘已习其曲矣，未得其数也。"有间，曰："已习其数，可以益矣。"孔子曰："丘未得其志也。"有间，曰："已习其志，可以益矣。"孔子曰："丘未得其为人也。"有间，有所穆然深思焉，有所怡然高望而远志焉。曰："丘得其为人：黯然而黑，几然而长，眼如望羊，如王四国，非文王其谁能为此也！"师襄子辟席再拜，曰："师盖云《文王操》也。"

知人论世

　　周公，姬姓，名旦，是周文王姬昌第四子，周武王姬发的弟弟，曾两次辅佐周武王东伐纣王，并建立礼仪，创制音乐。因其采邑在周，爵为上公，故称周公。周公是西周初期杰出的政治家、军事家、思想家、教育家，被尊为"元圣"和儒学先驱。

　　本文节选自《史记·鲁周公世家》。

　　司马迁（前145或前135—？），字子长，夏阳（今陕西韩城南）人，一说龙门（今山西河津）人。西汉伟大的史学家、文学家、思想家。司马谈之子，任太史令，因替李陵败降之事辩解而受宫刑，后任中书令。发愤继续完成所著史籍，被后世尊称为史迁、太史公、历史之父。他以其"究天人之际，通古今之变，成一家之言"的史识创作了中国第一部纪传体通史《史记》（原名《太史公书》），该书记载了从上古传说中的黄帝时期，到汉武帝太初年间，长达3000多年的历史，是"二十四史"之首，被鲁迅誉为"史家之绝唱，无韵之离骚"，被公认为中国史书的典范。

阅读鉴赏

译文：

　　孔子向师襄子学琴，学了十天仍没有学习新曲子。师襄子对他说："可以增加新内容了。"孔子说："我已经熟悉乐曲的形式，但还没有掌握弹奏的技巧。"过了一段时间，师襄子说："你已经会弹奏的技巧了，可以增加学习内容了。"孔子说："我还没有领会曲子的意境。"过了一段时间，师襄子说："你已经领会了曲子的意境，可以增加学习内容了。"孔子说："我还不了解作曲人的形象。"又过了一段时间，孔子神情俨然，仿佛进到新的境界：时而神情庄重穆然，若有所思，时而怡然高望，志意深远。孔子说："我知道作曲人是谁了：那人皮肤深黑，体形颀长，眼光明亮远大，像个统治四方诸侯的王者，若不是周文王还有谁能撰作这首乐曲呢？"师襄子听到后，赶紧起身拜了两拜，回答道："老琴师传授此曲时就是这样说的，这支曲子叫作《文王操》哇！"

孔子学琴，刨根究底，学习一首琴曲，层层递进。纵然师襄子说可以了，要进一步教孔子别的，但对孔子而言，还不算真正学会。于是，孔子不断深入，从会弹，到掌握技巧，又进一步到了解它的意境，最后，走进曲中体味作曲之人。这个故事通过孔子与师襄子就学琴的对话，形象反映了至圣先师大教育家孔子好学且善思的品质和精神，为后人树立了学习的榜样。

思考寄语

孔圣人学琴，从曲调、技法、意境等方面层层递进，达到人曲合一的境界。这种严谨的治学态度，近乎偏执的钻研精神，"万世师表"的形象跃然纸上。学习无止境，对于学生而言更是如此，对知识的索求，要推敲琢磨，要打破砂锅问到底，不到黄河心不死。把知识和学问啃到肚子里，内化于心，外化于行，做到学一行、爱一行、钻一行、专一行。

13 梦游天姥吟留别（节选）

诵读主体

> 　　世间行乐亦如此，古来万事东流水。别君去兮何时还？且放白鹿青崖间，须行即骑访名山。安能摧眉折腰事权贵，使我不得开心颜？

知人论世

　　《梦游天姥（mǔ）吟留别》是唐代大诗人李白的一首记梦诗，也是一首游仙诗。李白早年就有济世的抱负，但不屑于经由科举登上仕途，而希望由布衣一跃而为卿相。因此他漫游全国各地，结交名流，以此广造声誉。唐玄宗天宝元载（742年），李白的朋友道士吴筠向玄宗推荐李白，玄宗于是召他到长安来。李白对这次长安之行抱有很大的希望，在给妻子的留别诗《别内赴征》中写道："归时倘佩黄金印，莫学苏秦不下机。"李白初到长安，也曾有过短暂的得意，但他一身傲骨，不肯与权贵同流合污，又因醉中命玄宗的宠臣高力士脱靴，得罪了权贵，连玄宗也对他不满。他在长安仅住了一年多，就被赐金放还，他那由布衣而卿相的梦从此完全破灭。李白离开长安后，先到洛阳，与杜甫相会，结下友谊。随后又同游梁、宋故地，这时高适也赶来相会，三人一同往山东游览。到兖州不久，杜甫西入长安，李白南下会稽（绍兴）。这首诗就是他行前写的。题目"吟"是古诗的一种体式，内容大多是悲愁慨叹，形式上自由活泼，不拘一格。"梦游天姥吟留别"就是把梦中游历天姥山的情形写成诗，留给东鲁的朋友作别。

阅读鉴赏

　　译文：

　　人世间的欢乐也是如此，自古以来万事都像东流的水一样一去不复返。与君分别何时才能回来？暂且把白鹿放牧在青崖间，等到游览时就骑上它访名川大山。我岂能卑躬屈膝，去侍奉权贵，使我心中郁郁寡欢，极不舒坦！

　　这几句诗出自唐代李白的《梦游天姥吟留别》，表现出对黑暗朝廷的不屑与性格上的洒脱。诗中写梦游奇境，不同于一般游仙诗，它感慨深沉，抗议激烈，并非真正依托于虚幻之中，而是在神仙世界虚无缥缈的描述中，依然着眼于现实。神游天上仙境，而心觉"世间行乐亦如此"。仙境倏忽消失，梦境旋亦破灭，诗人终于在惊悸中返回现实。梦境破灭后，人，不是随心所欲地轻飘飘地在梦幻中翱翔，而是沉甸甸地躺在枕席之上。"古来万事东流水"，其中包含着诗人对人生的几多失意和深沉的感慨。此时此刻诗人感到最能抚慰心灵的是"且放白鹿青崖间，须行即骑访名山"。

徜徉山水的乐趣，才是最快意的，也即在《春夜宴从弟桃花园序》中所说："古人秉烛夜游，良有以也。"本来诗意到此似乎已尽，可是最后却愤愤然加添了两句"安能摧眉折腰事权贵，使我不得开心颜！"一吐长安三年的郁闷之气。天外飞来之笔，点亮了全诗的主题：对于名山仙境的向往，是出于对权贵的抗争，它唱出封建社会中许多怀才不遇的人的心声。在等级森严的封建社会，多少人屈身权贵，多少人埋没无闻！唐朝比之其他朝代是比较开明的，较为重视人才，但也只是就比较而言。人才在当时仍然摆脱不了"臣妾气态间"的屈辱地位。"折腰"一词出于东晋的陶渊明，他由于不愿忍辱而赋"归去来"。李白虽然受帝王优宠，也不过是个词臣，在宫廷中所受到的屈辱，大约可以从这两句诗中得到一些消息。封建君主把自己称"天子"，君临天下，把自己升高到至高无上的地位，却抹杀了一切人的尊严。李白在这里所表示的决绝态度，是向封建统治者所投去的一瞥蔑视。在封建社会，敢于这样想、敢于这样说的人并不多。李白说了，也做了，这是他异乎常人的伟大之处。

这首诗的内容丰富、曲折、奇谲、多变，它的形象辉煌流丽，缤纷多彩，构成了全诗的浪漫主义华赡情调。它的主观意图本来在于宣扬"古来万事东流水"这样颇有消极意味的思想，可是它的格调却是昂扬振奋的，潇洒出尘的，有一种不卑不屈的气概流贯其间，并无消沉之感。

思考寄语

这几句诗由写梦转入写实，揭示了全诗的中心意思。字字见情，字字入心，从中可以看出诗人的思想是曲折复杂的，但是它的主要方面是积极的，是富有反抗精神的，值得我们一点一点地去感悟、去畅想。我们以后都要进入职场，在职场中遇到不公平的待遇时，要敢于反抗，同时也要调整自己的心态，保持一颗平常心，学会与领导积极沟通，并不断地提升自我。

14 芣苢

诵读主体

采采芣苢，薄言采之。采采芣苢，薄言有之。

采采芣苢，薄言掇之。采采芣苢，薄言捋之。

采采芣苢，薄言袺之。采采芣苢，薄言襭之。

知人论世

这首是周代人们采集芣苢时所唱的歌谣，选自《诗经》。

《诗经》是中国第一部诗歌总集，在中国乃至世界文化史上都占有重要地位。《诗经》共收录自西周初年至春秋中叶五百多年的诗歌311篇，在内容上共分《风》《雅》《颂》三大部分，在表现手法上分赋、比、兴三种。《芣苢》属于《风》。《风》出自各地的民歌，是《诗经》中的精华部分，有对爱情、劳动等美好事物的吟唱，也有怀故土、思征人及反压迫、反欺凌的怨叹与愤怒，常用复沓的手法来反复咏叹，一首诗中的各章往往只有几个字不同，表现了民歌的特色。《诗经》描写现实、反映现实的写作手法，开创了诗歌创作的现实主义优良传统，历代诗人的诗歌创作不同程度地受到《诗经》的影响。

阅读鉴赏

译文：

繁茂鲜艳的芣苢呀，我们赶紧来采呀。繁茂鲜艳的芣苢呀，我们赶紧采起来。繁茂鲜艳的芣苢呀，一片一片摘下来。繁茂鲜艳的芣苢呀，一把一把捋下来。繁茂鲜艳的芣苢呀，提起衣襟兜起来。繁茂鲜艳的芣苢呀，披起衣襟兜回来。

芣苢，读作fú yǐ，即车前草，多年生草本植物，可以食用。中国古代民间也曾普遍以车前草为食物，春天采它的嫩叶，用开水烫过，煮成汤，味极鲜美。只是到了后来，这种习俗渐渐衰退。宋代郑樵《诗辨妄》中说："《芣苢》之作，兴采之也，如后人之采菱则为采菱之诗，采藕则为采藕之诗，以述一时所采之兴尔，何它义哉！"和采菱歌、采藕歌一样，《芣苢》是当时人们采芣苢时所唱的歌谣，是一曲劳动的欢歌。整首诗的诗句只有六个字的变化，而这六个字却生动描绘了先民的劳动场景。"采"，采摘之意；"有"，取得、获得之意；"掇"，拾取、摘取之意；"捋"，意思是从茎上成把地取下；"袺"，意思是提起衣襟兜东西；"襭"，意思是把衣襟掖在腰带上兜东西。六个动词，将发现芣苢、采摘芣苢、满载而归的过程和场面，生动、完整地描绘出来，充满了劳动的欢欣，洋溢着劳动的热情。

《诗经》通常采用重章叠句的复沓形式来抒情达意。《芣苢》是重章叠句的典范之作，全诗三章，每章四句，全是重章叠句。语言的反复，篇章的重叠传达了先民们对劳动的热爱。热烈的劳动伴随着抒情的歌声，使整个田野充满了欢快的气氛。清代方玉润在《诗经原始》中说："读者试平心静气涵泳此诗，恍听田家妇女三三五五于平原绣野、风和日丽中，群歌互答，余音袅袅，若远若近，忽断忽续，不知其情之何以移而神之何以旷，则此诗可不必细绎而自得其妙焉。"

业道酬精　职场赢家

思考寄语

先民们能以如此细致的观察力，形象的语言歌咏劳动，恰恰是因为劳动是人们最熟悉的日常生活，是生活中的歌谣。劳动是人类所从事的最朴素的活动，既能创造物质财富，也能够创造精神财富。《平凡的世界》里这样写道："一个人的精神是否充实，或者说活得有无意义，主要取决于他对劳动的态度。"劳动能够丰富人的精神，充盈人的内心，它能够帮助我们收获快乐，实现自我价值。劳动最光荣，劳动最崇高，劳动最伟大，劳动最美丽。

15 蛙的思考

诵读主体

　　池塘边的榕树下，两只青蛙在声声地叫着夏天。可惜，它们生活着的这半亩池塘就要干了，因为养鱼人要放水取鱼，而它们不得不选择离去。在这样炎热的夏季，它们等不到池塘里重新蓄满水。于是在一个落满露珠的清晨，两只青蛙上路去寻找新的安身之处。

　　蹦跳着，它们来到一口青草掩盖的深井旁。井水清澈平静，犹如一面圆镜，倒映出一小块圆圆的天。一只青蛙兴奋地大叫："多美的景致，多好的井水啊，就住这儿吧！"另一只低着头，鼓着眼，沉默不语。

　　兴奋的那只问："为什么不说话？这里不好吗？"

　　沉默者回答道："我在想：如果跳下去，那我们怎样才能跳出来。井是如此之深，难道我们一辈子都要待在井里？万一井水干了，或是井要被人填了，那我们又该怎么办？"

知人论世

　　意同"三思而后行"。《论语·公冶长》："季文子三思而后行。子闻之，曰：'再，斯可矣。'"这句话的意思是凡事都要再三思考而后行动。

阅读鉴赏

　　这篇《蛙的思考》，通过两只面临干涸之困的青蛙寻找新的栖息地的故事，反映了不同的"蛙生选择"。一只青蛙只看眼前，被眼前的美景羁绊了思考。另一只则保持了清醒的头脑，从长计议，分析利弊，着眼未来。我们应该向后一只青蛙学习，做一只善于思考的青蛙，做选择的时候，要统筹考虑，不留遗憾。

　　两只青蛙对于新栖息地的寻找和选择，何尝不是我们人生面对的课题呢？我们的一生都在做选择题。明天对于任何人来讲都是未知的，这就要求我们在做选择题的时候要学会思考，学会排除，所谓谋而后动，思而后定。思考得深才能获得长久的保障，计划好了才能行动顺利，也就是我们常说的遇事要三思而后行。当然年轻人也要有创新和突破精神，在选择的道路上可能会出错，但提前做好各种问题的解决方案，及时思考总结才能逐步走向成功。

16　张良拜师

　　张良拜师的典故叫作圯桥授书，故事如下：

　　一天，张良闲步沂水圯桥头，遇一穿着粗布短袍的老翁。这个老翁走到张良的身边时，故意把鞋脱落桥下，然后，傲慢地差使张良道："小子，下去给我捡鞋！"张良愕然，但还是强忍心中的不满，违心地替他取了上来。随后，老人又跷起脚来，命张良给他穿上。此时的张良真想挥拳揍他，但因觉他已久历人间沧桑，饱经漂泊生活的种种磨难，因而强压怒火，膝跪于前，小心翼翼地帮老人穿好鞋。老人非但不谢，反而仰面长笑而去。张良呆视良久，只见那老翁走出里许之地，又返回桥上，对张良赞叹道："孺子可教矣。"并约张良五日后再到桥头相会。张良不知何意，但还是恭敬地跪地应诺。

　　五天后，鸡鸣时分，张良急匆匆地赶到桥上。谁知老人故意提前来到桥上，此刻已等在桥头，见张良来到，愤愤地斥责道："与老人约，为何误时？五日后再来！"说罢离去。结果第二次张良再次晚老人一步。第三次，张良索性半夜就到桥上等候。他经受住了考验，其至诚和隐忍精神感动了老者，于是老者送给他一本书，说："读此书则可为王者师，十年后天下大乱，你可用此书兴邦立国；十三年后济北谷城山下的黄石便是老夫。"说罢，扬长而去。这位老人就是传说中隐身岩穴的高士黄石公，亦称"圯上老人"。

张良惊喜异常，天亮时分，捧书一看，乃《太公兵法》。从此，张良日夜研习兵书，俯仰天下大事，终于成为一个深明韬略、文武兼备、足智多谋的"智囊"。秦二世元年（前209）七月，陈胜、吴广在大泽乡揭竿而起，举兵反秦。紧接着，各地反秦武装风起云涌。矢志抗秦的张良也聚集了100多人，扯起了反秦的大旗。后因自感身单势孤，难以立足，只好率众往投景驹（自立为楚假王的农民军领袖），途中正好遇上刘邦率领义军在下邳一带发展势力。两人相见如故，张良多次以《太公兵法》进说刘邦，刘邦多能领悟，并常常采纳张良的谋略。于是，张良果断地改变了投奔景驹的主意，决定跟从刘邦。作为士人，深通韬略固然重要，但施展谋略的前提则是要有善于纳谏的明主。这次不期而遇，张良"转舵"明主，反映了他在纷纭复杂的形势中，具有清醒的头脑和独到的眼光。从此，张良深受刘邦的器重和信赖，聪明才智也有机会得以充分发挥。

张良始终不忘那个给他《太公兵法》的老人。十三年后，他随从刘邦经过济北时，果然在谷城山下看见有块黄石，并把它取回，称之为"黄石公"，作为珍宝供奉起来，按时祭祀。张良死后，家属把这块黄石和他葬在一起。

知人论世

张良（？—前186），字子房，颍川城父人，秦末汉初谋士、大臣，祖先五代相韩。秦灭韩后，他在博浪沙狙击秦始皇未中。逃亡至下邳时遇黄石公，得《太公兵法》，深明韬略，足智多谋。秦末农民战争中，聚众归刘邦，为其主要"智囊"。楚汉战争中，提出不立六国后代，联结英布、彭越，重用韩信等策略，又主张追击项羽，歼灭楚军，为刘邦完成统一大业奠定坚实基础，刘邦称他"运筹策帷帐之中，决胜千里之外"的这一名句，也随着张良的机智谋划、文韬武略而流传百世。汉朝建立时被封留侯，后功成身退，千古流芳。张良在惠帝六年病卒，谥号文成侯。

张良向刘邦提出的"聚集三王，方可与霸王一战"的计策，成功帮助刘邦击败了楚汉战争中最强劲的对手西楚霸王项羽。足智多谋的张良为汉高祖刘邦建立西汉王朝立下了汗马功劳。

阅读鉴赏

"师道"是中国文化一个非常重要的内容，它既是精神价值的传承方式，也是传承精神的人脉延续方式；它是非宗教的，但具有崇高感；它是个人化的，因而是自由的，但也是受到制约的，尤其是内心的自我约束。"师道"是中国文化最重要的一种形式，既具有精神内涵的巨大价值，也有"拜师礼"这样的外在形式。

中华民族历代提倡尊师重教、尊师敬长，古代流传下来许许多多这方面的故事，"张良拜师"就是一个典型，这个故事生动形象地记叙了张良不辞劳苦、虔诚拜师的经历。张良拜师一波三折，老者几次三番刁难他，他却处处礼让，既表现为对老者的尊重，也表现为对自身品格的完善。

思考寄语

这个故事讲述了张良年轻时拜师求学的经历。它告诉我们一个道理：恭敬地对待老师，才能得到正确的引导，从而学到真正的本事。张良诚心拜师，勤奋学习，为他日成就一番事业打下了坚实的基础。

17 屠呦呦 打开一扇崭新的窗户（节选）

诵读主体

"青蒿素是传统中医药送给世界人民的礼物。"

10月5日，中国中医科学院研究员屠呦呦获得2015年诺贝尔生理学或医学奖。一时间，各大新闻网站、朋友圈被这位85岁的老太太刷屏了。外界热闹，她却出人意料地平静："青蒿素的发现，是中药集体发掘的成功范例，由此获奖是中国科学事业、中医中药走向世界的一个荣誉。"

"恭喜屠呦呦，恭喜中国！"

5日上午10时，瑞典卡罗琳医学院的诺贝尔大厅内，挤满了来自世界各国的记者。11时30分，诺贝尔生理学或医学奖评委会常务秘书乌尔班·林达尔和3位评委进入诺贝尔大厅。林达尔先后用瑞典语、英语宣布，将2015年诺贝尔生理学或医学奖的一半授予中国药学家屠呦呦，另外一半授予爱尔兰科学家威廉·坎贝尔和日本科学家大村智。屠呦呦的获奖理由是"有关疟疾新疗法的发现"。在林达尔宣布的同时，大屏幕上出现的照片和简介，让世界认识了这位来自中国的科学家——屠呦呦。照片中，屠呦呦戴着眼镜，嘴角微微带笑，简介中写着"生于1930年，中国中医科学院，北京，中国"。

屠呦呦的名字出自《诗经》"呦呦鹿鸣，食野之蒿"。宋代朱熹注称，"蒿即青蒿也"。名字是父亲起的，当时，并没人预料到诗句中的那株野草会改变这个女孩的一生。

1969年，屠呦呦所在的中医研究院接到了一个"中草药抗疟"的研发任务，那是一个不小的军事计划的一部分，代号523。39岁的屠呦呦临危受命，开始征服疟疾的艰难历程。

380多次实验、190多个样品、2000多张卡片……屠呦呦和课题组以鼠疟原虫为模型，发现青蒿提取物对鼠疟原虫的抑制率可达68%。但是，后续的实验结果显示，青蒿提取物对鼠疟原虫的抑制率只有12%~40%。屠呦呦分析，抑制率上不去的原因，可能是提取物中有效成分浓度过低。

为什么在实验室里青蒿提取物不能很有效地抑制疟疾呢？是提取方法有问题，还是做实验的老鼠有问题？屠呦呦心有不甘，她重新把古代文献搬了出来，细细翻查。有一天，东晋葛洪《肘后备急方》中的几句话吸引了屠呦呦的目光："青蒿一握，以水二升渍，绞取汁，尽服之。"为什么这和中药常用的煎熬法不同？原来里面用的是青蒿鲜汁！

"温度！这两者的差别是温度！很有可能在高温的情况下，青蒿的有效成分就被破坏掉了。如此说来，以前进行实验的方法都错了。"屠呦呦立即改用沸点较低的乙醚进行实验，终于发现了青蒿素。从12%到100%，用乙醚提取青蒿素，这个看似极为简单的提取过程，却弥足珍贵。那一幕，屠呦呦记忆犹新："太高兴了！千千万万人的生命得以挽救，这是最值得欣慰的事情。青蒿素是属于我们中国的发明成果，而且是从中医药里集成发掘的，是中医药造福人类的体现。我们倍感自豪。"

屠呦呦并未止步，1992年，针对青蒿素成本高、对疟疾难以根治等缺点，她又发明出双氢青蒿素这一抗疟疗效为前者10倍的"升级版"。

"科学研究不是为了争名争利。"她说，那时候大家工作都很努力，工资待遇挺低的，但大家也不考虑这些，自觉来加班，争取快速推进工作。

中国中医科学院中药研究所原所长姜廷良研究员说，在做青蒿素动物实验时，曾发现有一过性转氨酶升高等现象。屠呦呦和她的两位同事决定亲自试服，证实了药物安全，然后才投入临床给病人服用。当时的科研条件简陋，环境差，盛放乙醚、浸泡青蒿的大缸，时时发出刺鼻的气味……后来，屠呦呦得了中毒性肝炎。

　　屠呦呦自己也没想到，40多年后，青蒿素研究能被国际认可。"您的获奖，是中国科学界的骄傲，我相信，这必将激励更多的中国科学家不断攀登世界科学高峰，为人类文明和人民福祉做出更多更大的贡献。"中国科学院院长白春礼在贺信中说。

知人论世

　　屠呦呦，女，1930年出生于浙江宁波，汉族，中共党员，药学家。1951年考入北京大学医学院药学系生药专业。1955年毕业于北京医学院（今北京大学医学部）。毕业后接受中医培训两年半，并一直在中国中医研究院（2005年更名为中国中医科学院）工作，其间晋升为硕士生导师、博士生导师。现为中国中医科学院首席科学家，终身研究员兼首席研究员，青蒿素研究开发中心主任，博士生导师，共和国勋章获得者。

　　多年从事中药和中西药结合研究，突出贡献是创制新型抗疟药青蒿素和双氢青蒿素。1972年成功提取分子式为$C_{15}H_{22}O_5$的无色结晶体，命名为青蒿素。2011年9月，因发现青蒿素——一种用于治疗疟疾的药物，挽救了全球特别是发展中国家数百万人的生命，获得拉斯克奖和葛兰素史克中国研发中心"生命科学杰出成就奖"。2015年10月获得诺贝尔生理学或医学奖，理由是她发现了青蒿素，该药品可以有效降低疟疾患者的死亡率。她成为首获科学类诺贝尔奖的中国本土科学家，这是中国医学界迄今为止获得的最高奖项，也是中医药成果获得的最高奖项。

阅读鉴赏

　　"青蒿一握，水二升，浸渍了千多年，直到你出现。为了一个使命，执着于千百次实验。萃取出古老文化的精华，深深植入当代世界，帮人类度过一劫。呦呦鹿鸣，食野之蒿。今有嘉宾，德音孔昭。"

　　这是感动中国2016年度人物颁奖晚会上，屠呦呦获得的颁奖词。从中我们知道了她的名字取自《诗经》"呦呦鹿鸣，食野之蒿"，也知道了青蒿的历史悠久，还可以看出屠呦呦为人谦虚的一面，她并没有居功自傲，而是把这份荣耀，归根于古老的文化，她只是萃取了而已，是在前人的努力下，继续努力的结果。

思考寄语

85岁拿到诺贝尔奖的屠呦呦，已经与青蒿素结缘数十年，与疟疾斗争了50多年。如果没有这股坚持不懈，与青蒿素"死命纠缠"的精神，恐怕人类永远都无法战胜疟疾，无法战胜红斑狼疮。屠呦呦用她的一生告诉我们，成事并不全在天，把一件事做到极致，同样能够成功。

18 一只新钟

诵读主体

钟表铺里新组装了一只小钟，它被放在了两只旧钟当中。两只旧钟"嘀嗒""嘀嗒"一分一秒地走着。其中一只旧钟对小钟说："来吧，你也该工作了。可是我有点担心，你走完三千二百万次以后，恐怕便吃不消了。"

"天哪！三千二百万次。"小钟吃惊不已，"要摆这么多次？不行，我做不了，我会累死的。我办不到，办不到。"

另一只旧钟则安慰它说："别听它的。不用担心，没那么恐怖的。其实你只要每秒嘀嗒一次，摆一下就行了。"

"真有这么简单？天下哪有这样简单的事情？"小钟将信将疑，"如果这样，我就试试吧。"

小钟很轻松地每秒钟"嘀嗒"摆一下，不知不觉中，一年过去了，它摆了三千二百万次。

知人论世

人的心中都有两个钟,其中一只旧钟十分倦怠、不自信、怀疑自己的能力、放弃努力,告诉小钟放弃吧;另一只旧钟十分自信,不断努力,激励小钟不必想以后的事,一月甚至一年之后的事,只要想着今天我要做些什么,明天我该做些什么,然后努力去完成。《老子》第六十四章:"合抱之木,生于毫末;九层之台,起于累土;千里之行,始于足下。"成功需要坚持不懈。

阅读鉴赏

真正的聪明者才知道,笨方法往往是最有效的方法。努力请从今日开始,不拖泥带水,坚持不懈,持之以恒,相信自己,通过自己的努力和积累,一定能够成功。

思考寄语

"不积跬步,无以至千里;不积小流,无以成江海。"谁都希望能梦想成真,可是成功似乎远在天边,遥不可及。甚至会怀疑自己的能力,放弃努力。其实,梦想没那么难实现。我们不必想一个月一年之后的事,只要想着今天要做什么,明天该做什么,努力去完成,就像这只小钟一样,每秒"嘀嗒"一下,梦想总会实现的。

19 四十年后的追寻
——"四有"书记谷文昌

诵读主体

他已经去世40年，却仍为当地民众深深怀念；

他带领群众植下的满岛木麻黄，如今已长成防风固沙的茂密森林；

习近平总书记撰文称赞他"在老百姓心中树起了一座不朽的丰碑"；

老百姓尊他为"谷公"，"先祭谷公，后祭祖宗"，成为当地多年的习俗；

他就是谷文昌，福建省东山县原县委书记。

刚刚过去的清明节，东山的父老乡亲，扶老携幼，络绎不绝，又一次拥至谷文昌墓前，献一捧自己采摘的花草，放一盘自家做的吃食，燃一根他生前最爱抽的香烟，寄托无限缅怀。

"我无论如何也想不到，在中国，在今天，一位共产党的县委书记，在他死后，居然会被普通的当地民众尊称为'公'。"到过东山的作家梁晓声，曾为所见所闻而慨叹。

金杯银杯，不如老百姓的口碑；金奖银奖，不如老百姓的夸奖。

谷文昌是河南林县人，1950年随部队南下至福建，在海岛东山县工作了14年，担任县委书记10年。后来任省林业厅副厅长，"文化大革命"期间曾被下放劳动。凡是他工作和战斗过的地方，只要提起谷文昌，人们都有说不完的敬重、道不完的思念、言不尽的呼唤。

他以"不治服风沙，就让风沙把我埋掉"的胆魄，率领东山人民苦战十几载，遍植木麻黄，筑起绿色长城。硬是治服了"神仙都难治"的风沙，让海岛换了天地，让百姓换了人间。

他不仅把"不带私心搞革命，一心一意为人民"写在纸上，立下"不把人民拯救出苦难，共产党来干什么"的誓言，更是大事小情想到群众心底里，干到群众心坎上。他把功成不必在我的"潜绩"，十几年如一日地变成了泽被东山后人的福祉。好日子来到了跟前，共产党走进了人心。

他为民高擎一把伞，为民敢扛一片天，对党和人民高度负责，实事求是，敢于担当。新中国成立初把"敌伪家属"改为"兵灾家属"的建议，一项德政，赢得十万民心。

他不论肩负重任还是身处逆境，从未忘记党员身份，从未褪去党员底色，从未动摇理想信念。见不得群众受苦受难受委屈，容不得干部不想不干不作为。任何时候，任何境遇，都相信党、相信组织，笃行宗旨。信仰，是从他心里长出来的。

他为官恪守两条原则：只要对百姓有利的事，哪怕排除万难也要做到；凡是对党的威信有害的事，哪怕再小也不能做。"当领导的要先把自己的手洗净，把自己的腰杆挺直！"对权力畏戒，对底线坚守，党性原则永远是个人头上的天。他以心中的"畏"，博得了群众心头的"敬"。

心中有党、心中有民、心中有责、心中有戒，谷文昌堪称"四有"干部的楷模。

今天的东山，天蓝、水碧、海湾美，沙白、林绿、岛礁奇。谷文昌当年描绘的愿景，"举首不见石头山，下看不见飞沙滩，上路不被太阳晒，树林里面找村庄"，早已变成现实。"我们的沙滩格外美"，是东山人的骄傲；"国家级生态县"，是东山岛的美誉。

"离开时，你带走的是两罐自腌的咸菜；留下的，是一片生机盎然的绿洲。这样的好官，谁不赞？""好书记""好干部"被人们传颂。

"我要和东山的人民、东山的大树永远在一起"，谷文昌临终留下遗言。如今，谷文昌长眠在他当年率领干部群众战天斗地的赤山林场。50多年前栽下的木麻黄参天如盖，守护在墓旁。

"看见木麻黄，想起谷文昌。"谷文昌为东山留下千千万万的木麻黄，千千万万的木麻黄又从千千万万人的心里拔节而生。岁月的洗礼，让他的身影愈加清晰挺拔，他的精神穿越时空、历久弥新。

一首为谷文昌谱写的歌曲在神州传唱：

谁说流水无意岁月无痕，

谁说落花无情往事如烟，

请听山的诉说

请听海的呼唤，

政声人去后，

丰碑在人间……

知人论世

谷文昌，男，汉族，中共党员，1915年10月出生，河南林县人。他在福建省东山县工作14年间，带领东山县人民与风灾、旱灾抗争，植树造林，兴修水利，改善交通，发展生产，把一个风沙肆虐的荒岛变成生机盎然的东海绿洲，为经济建设和社会发展奠定了坚实的基础，赢得了东山十万民心。谷文昌同志带领百姓兴建隆陂水库、改良土壤，实现水稻亩产上千斤，被当地百姓称为"谷满仓"。2009年9月，谷文昌同志被评为"100位中华人民共和国成立以来感动中国人物"。

阅读鉴赏

　　本文是一篇通讯，为我们呈现了心中有党、心中有民、心中有责、心中有戒的"四有"书记谷文昌的高贵品质和感人事例。谷文昌精神的内涵十分丰富，他对党忠诚，"不带私心搞革命，一心一意为人民"；他公仆情怀，"对群众有利的事，再难也要办，有损党形象的事，再小也不为"；他敢于担当，"党要求什么，群众需要什么，我们就去做什么"；他清廉公正，恪守"当领导的要先把自己的手洗净，把自己的腰杆挺直"。为党分忧、为国奉献、为民谋利，谷文昌用生前事身后名，回答了共产党人"入党为了什么，当了干部做什么，身后留下什么"的人生课题，展现了政去人声后、丰碑在人间的崇高魅力。

思考寄语

　　国以人兴，政以才治，这是我们党治国兴党的经验昭示。艰苦卓绝烽火岁月里的"钢铁战士"，百废待兴建设年代里的"老黄牛"，风雷激荡改革历程中的"先行者"，每一代人有着自己的历史使命和时代印记，但政治本色和优良品质一脉相承。正是有无数谷文昌这样的优秀干部接力，党的优良传统一代代得以赓续，国家的发展一步步走向富强，我们距民族复兴的梦想才能如此接近。

20 90岁老人梦想不息（节选）

——央视《面对面》专访袁隆平

谦虚：英文致辞引发网友点赞 袁老却称是"破碎英语"

不久前，在长沙举办的中非农业合作发展研讨会上，袁隆平献上了一段英文致辞。在致辞中，他表示自己正致力于研究超级杂交水稻，非常愿意帮助其他发展中国家解决粮食短缺的问题。

袁隆平：亲爱的非洲朋友们，我们热情地欢迎你们来到长沙参加中非农业合作发展研讨会。我是杂交水稻研发人袁隆平。我很荣幸能帮助其他发展中国家研究发展杂交水稻，去克服粮食短缺问题，也相信我们的共同努力可以让我们在不久的将来达成目标。

这段并不流利的英文致辞，上传到网络后迅速被广泛传播，赢得网友的纷纷点赞。不少人表示："可以看出袁老真的老了，都快90了还在忙碌，重于泰山的一生。"看到这段视频，网友都忍不住红了眼眶。

记者：您在网上用英文来致辞的那一段，很多人都竖大拇指。

袁隆平：我的英文就是破碎的英语，英文讲的就是破碎的英语。

记者：为什么您要用英文？其实中文也是可以的，在这样的研讨会的致辞上。

袁隆平：如果没有外宾就用中文，有很多外国人的时候做报告用英文好一点，免得他们去翻译。

目标：用拓荒人的精神做海水稻 在八年里推广1亿亩

从2012年开始，海水稻的研究成为袁隆平工作的重点。所谓"海水稻"，学术上称作"耐盐碱水稻"，20世纪30年代，国际上已开始研究。袁隆平希望通过耐盐碱杂交水稻的研发和推广，让盐碱地像普通耕地那样造福人类，他把海水稻技术的突破和创新称为拓荒人精神。

记者：您为什么要用拓荒人的精神来做这个海水稻？

袁隆平：因为这是一个很了不起的工程。我们国家耕地面积少，现在的耕田只有18亿亩。但是我们国家有十几亿亩的盐碱地，其中能够种水稻的、有水淹的盐碱地将近2亿亩。如果海水稻研究成功了，给国家至少增加1亿亩耕地，按最低产量算亩产300公斤，1亿亩就是300亿公斤，相当于湖南省全年粮食总产量，多养活1亿人口。我们尽力地冲刺，我们今年有七八个点，每个点少则几亩地，多则百亩片，在做试点。去年点少一点，面积小一点。去年的面积是每个点几亩地。

记者：为什么要这么少？

袁隆平：没有种子。新品种出来之后，不可能有那么多，过去老品种抗盐碱的有，产量都不高。国外都在搞海水稻，他们为什么产量那么低？都是常规稻而且品种不行，我们一上去就是杂交稻，600多公斤。

2018年5月，袁隆平海水稻科研团队正式启动"中华拓荒计划"，在我国五大类主要类型盐碱地和延安南泥湾次生盐碱地同时进行海水稻插秧。除此之外，他们还在塔克拉玛干沙漠周边开辟了向大漠要耕地的试验田。按照袁隆平设定的目标，要在8年时间里推广1亿亩海水稻。

记者：您说8年您想推1亿亩，这个目标大不大？

袁隆平：8年累计可以达到1亿亩，这个数字估计估高了一点，我们想在8年之内每年能够推广1000万亩，好多年之后累计面积达到1亿亩就不错了。

心愿：对自己没有要求 就是为了两个梦想

对于时间的逝去和身体的衰老，袁隆平流露出格外的豁达，而对于杂交水稻事业，袁隆平更多的是紧迫感。《面对面》曾于2013年、2016年采访过袁隆平，在之前的两次采访中，因为听力不断下降，记者需要尽量靠近，并提高声音提问，而袁隆平则往往需要前倾身体才能听清问话。

记者：您对自己的要求是什么？

袁隆平：对自己没有要求，就是这个要求：一个是"禾下乘凉梦"，一个"覆盖全球梦"。杂交稻，就这个要求，两个梦想。

知人论世

袁隆平（1930—2021），男，汉族，江西省九江市德安县人。1930年9月7日生于北京，中国杂交水稻育种专家，中国研究与发展杂交水稻的开创者，被誉为"世界杂交水稻之父"。国家杂交水稻工程技术研究中心、湖南杂交水稻研究中心原主任，湖南省政协原副主席，中国工程院院士，美国国家科学院外籍院士，中国发明协会会士，湖南农业大学名誉校长，第六届至第十二届全国政协常委。

袁隆平致力于杂交水稻研究,发明"三系法"籼型杂交水稻,成功研究出"两系法"杂交水稻,创建了超级杂交稻技术体系,使中国杂交水稻研究始终居世界领先水平。截至2017年,杂交水稻在中国已累计推广超90亿亩,共增产稻谷6000多亿公斤。袁隆平多次赴印度、越南等国,传授杂交水稻技术以帮助克服粮食短缺和饥饿问题,为中国粮食安全、农业科学发展和世界粮食供给做出杰出贡献。

阅读鉴赏

这是央视《面对面》节目对袁隆平先生的专访。在2015年卸任国家杂交水稻工程技术研究中心主任职务后,袁隆平仍担任该中心研究员,继续指导杂交水稻的科研工作。即使早已超过退休年龄,即使即将迎来90岁高龄,这位著名杂交水稻专家依然坚持到办公室"上班"。这篇采访,展示了袁隆平献身科学、顽强拼搏、甘于奉献、谦虚仁厚、虚怀若谷的高尚品德。

袁隆平把一生都奉献给了水稻和人民。袁隆平院士的一生是单纯的一生,是专注的一生,是奉献的一生。袁隆平院士从大学毕业后一直从事水稻杂交研究,几十年如一日,收获了无数科研成果。他用一辈子把一件事做到了极致,看似简单,其实极难。他的这种专注与定力,这种"一生只求做好一件事"的品质值得我们所有人学习。

"世界粮食奖"的颁奖词中写道:"袁隆平教授以30多年卓杰研究的宝贵经验和为促使中国由粮食短缺转变为粮食充足供应作出巨大贡献而获奖,他正在从事的'超级杂交稻'研究,为保障世界粮食安全和解除贫困展示了广阔前景;他的成就和远见卓识,还营造了一个粮食更为富足、粮食安全具有保障的更加稳定的世界。"袁隆平的一生是为保障中国粮食安全、为解决世界粮食短缺、为水稻科技的原始创新及推广应用、为实现个人崇高梦想而连攀高峰、不竭奋斗的一生。

袁隆平的做人原则是淡泊名利、踏实做人。回顾杂交水稻几十年的发展历程,袁隆平曾经对知名媒体坦言,改革开放以来的30年,是杂交水稻在中国乃至世界最快速发展的时期。"杂交水稻首先在中国获得成功,并逐步走向世界,这要归于优越的社会主义制度,归于伟大的人民,是广大农业科技工作者特别是全国杂交水稻协作组成员艰苦奋斗、通力协作的结晶。"平凡的话语,彰显着袁隆平院士的谦恭仁厚与铮铮风骨,这些正是值得我们学习的袁隆平身上的极其可敬可贵的精神品质。

诵读，追逐梦想的启航（第一册）

袁隆平精神的内涵是崇高、博远的，他以无我的献身精神，书写着中华民族伟大复兴的历史，诠释着中华民族自强不息的民族精神。今日之中国，各行各业、每时每刻都需要袁隆平这样的一线奋斗者。我们需要学习他的精神，把他的精神运用到我们的实际工作中，不论任何时候，始终保持清醒，集中精力、排除干扰做好正事大事。

21 做最好的自己

诵读主体

如果你无法成为山顶上的一棵苍松
就做山谷中的一丛灌木
但一定要做溪边最好的一丛小灌木

如果你成不了灌木
那就做一棵小草
让道路因你而更有生气

如果你成不了海洋中的大梭鱼
那就做一条鲈鱼
但一定要做湖里那条最有活力的鲈鱼

我们不可能都做船长
必须要有人做船员
总会有适合我们做的一些事情

有大事，也有小事
我们要做的就是眼前的事

如果你成不了大道
那就做一条小径
如果你成不了太阳
那就做一颗星星
成功还是失败
并不取决于你所做事情的大小
做最好的自己

知人论世

　　席慕蓉（1943—），蒙古族，全名穆伦·席连勃，当代画家、诗人、散文家。原籍内蒙古察哈尔部。著有诗集、散文集、画册及选本等五十余种，《七里香》《无怨的青春》《一棵开花的树》等诗篇脍炙人口，成为经典。席慕蓉的作品多写爱情、人生、乡愁，写得极美，淡雅剔透，抒情灵动，饱含着对生命的挚爱真情，影响了整整一代人的成长历程。

阅读鉴赏

　　每个生命都是独一无二的。我们有必要在这个人口众多的星球上保留自己的独特性。那为什么要做最好的自己呢？要做一件事，我们就应当努力将它做到最好。做事是如此，更何况是做自己。做最好的自己，是给自己一个承诺，一个目标，一个拼搏的动力。所以，我们应做最好的自己。

　　做自己，并不代表着标新立异，与规则对着干。而是应在遵守原则的前提下，发挥出自己的风格，张扬出自己的个性，体现出自己的优点。当然，这也不是要你完全和别人背道而驰，而是应该吸纳别人的优点，内化为自己的成长动力。当你历尽千辛万苦，终于使自己对世界的认知、领悟都达到很高的境界了，且这种境界一直伴随着你的一生。那么祝贺你：已经成为最好的自己。如果你仍不断追求新的挑战，勇于超越旧我，也祝贺你：在"做更好的自己"的路上昂扬奋进。

　　做最好的自己，是在做自己的基础上，去追求自己的理想，并时刻准备着为之付出一切。没有最好，只有更好。不必瞻前顾后，不必犹豫不决，也不必为了他人的观点而给自身制造烦恼。去做自己吧，相信自己是最好的，这样人人都会成为最好的自己。

思考寄语

　　作为一名中职学生，学会做最好的自己尤为重要，因为只有这样才能在不断超越自己的同时超越别人，迈向更高的人生境界。随着时间的流逝，我们会走上更高台阶去感受那独特的风景，丰富我们的生活，让每一天都更加丰富多彩。从现在开始，让我们做到最好！